칼 융
조찡기아 강연

칼 융 조핑기아 강연

초판 1쇄 발행 2021년 11월 25일

지은이 칼 구스타프 융
옮긴이 정명진
펴낸이 정명진
디자인 정다희
펴낸곳 도서출판 부글북스
등록번호 제300-2005-150호
등록일자 2005년 9월 2일
주소 서울시 노원구 공릉로 63길 14(하계동 청구빌라 101동 203호) (01830)
전화 02-948-7289
전자우편 00123korea@hanmail.net
ISBN 979-11-5920-143-1 03180

The Zofingia Lectures

칼 융 조핑기아 강연

칼 구스타프 융 지음 정명진 옮김

칼 융의 걸작 『레드 북』의 뿌리!

칼 융이 바젤 대학교 의대로부터 입학 허가를 받은 것은 20세 생일을 두 달 앞둔 1895년 4월 18일이었다. 이어 그는 스위스 대학생들의 우애 단체인 조핑기아 클럽 바젤 지회의 회원이 되었다.

이 클럽의 특징은 매주 모임에서 회원들이 자신의 관심 분야에 대해 강연을 하고 토론을 벌인다는 점이었다. 물론, 맥주 파티와 댄스 파티도 벌어졌다.

융은 1900년 7월에 의학 공부를 끝낼 때까지 조핑기아 클럽에서 강연을 네 차례 했다. 그 원고를 묶은 것이 이 책이다.

융이 조핑기아 클럽에 대해 공개적으로 언급한 적은 없었던 것으로 전해진다. 1975년에 융 탄생 100년을 맞아 취리히의 심리학 클럽에서 열린 기념 전시회에서 이 원고가 처음 공개되었다.

글은 21세에서 23세 사이에 쓴 것으로 믿기지 않을 만큼

깊고 어렵다. 칼 융의 다른 책들을 접한 독자라면, 청년기에 품었던 사상들이 풍성하게 발달해 가는 과정이 보일 것이다.

칼 융의 동료로 마찬가지로 조핑기아 클럽의 회원으로 활동했던 구스타프 슈타이너(Gustav Steiner)의 회고에 따르면, 융은 조핑기아 클럽의 경험에 대해 이중적인 태도를 보였다. 학창 시절이 우정을 나누고 지적 교류를 하는 즐거운 시기였던 한편으로, 융이 하고자 하는 말을 동료 학생들이 제대로 이해하지 못해 진정으로 외로움을 느끼던 시기이기도 했다는 것이다.

융이 가입했을 당시에 조핑기아 클럽 바젤 지부의 회원은 120명 정도였다.

지금도 활동 중인 조핑기아 클럽은 1819년에 창설되었으며, 칼 융이 참여할 당시의 모토는 '조국과 우정과 문학을 위하여'였다.

목차

1장

정밀과학의 경계구역들

(1896년 11월)

1.

서론

강의는 세 부분으로 나뉩니다. 첫 번째 파트에서 나 자신을 소개할 예정입니다. 두 번째 파트에서는 여러분을 나에게 소개할 것입니다. 세 번째 파트가 강연이 될 것입니다.

나에 관한 개인적 소개가 될 첫 부분의 모토를 이렇게 정하고 싶습니다. "조롱하는 자들의 자리에 앉은 사람들에게 재앙 있어라!"

이 자리에 계신 많은 선량한 바젤 시민들이 기꺼이 증언하려 하듯이, 나의 가족은 어머니 쪽이나 아버지 쪽이나 똑같이 기묘하게도 언제나 선한 시민들의 감정을 상하게 하는 경향을 보여 왔습니다. 이유는 단어들을 골라가며 말을 완곡하게 하거나, 대단히 존경스러운 삼촌들과 숙모들, 사촌들을 선웃음을 지으며 아부하듯 구슬리는 것이 우리 집안의 관습이 아니기 때문이지요.

또 나도 운이 나쁜 시간에 태어난 사람처럼 보일 것입니다. 이유는 내가 언제나 나의 흑심(黑心)이 강요하는 대로 말하고 행동하기 때문이지요. 그에 따른 정신적, 언어적, 육체적 태도는 올바른 예의범절로 알려진 그 중요한 회계 장부에 항목별로 분류되어 엄격히 기록되고 있습니다. 그 항목의 이름은 "상스러움" "무례" "언어 오용" "오만" "뻔뻔스러움" "버릇없음" 등이며, 모두가 학적부에 낮은 점수를 받게 만드는 단어들이지요.

나는 지금도 이런 병적인 특징으로 인해 힘들어 하고 있으며, 운명의 여신이 나에게 나의 모든 것을 스스로 밝히라고 강요하고 있는 지금, 나는 그 특징을 최대한 이용할 생각입니다. 그러니까 지금은 어떤 소가 곡식을 마구잡이로 짓밟는다 하더라도 그 소의 입에 재갈을 물리는 행위는 큰 잘못이 될 것입니다.

(대단히 존경스럽고 매우 현명한 "공공 복지 위원회"

(Committee for Public Welfare)가 오늘 나로 하여금 형편없는 나의 뇌의 쓰레기 더미에서 몇 조각의 기억을 찾아내도록 한 것은 나에게 너무나 다행한 일입니다.)

어떤 강연이든 청중에게 관용을 베풀어줄 것을 부탁하는 말로 시작하는 것이 관례입니다. 그런 관용을 간청하는 것이 다른 어느 강연자보다 나에게 더 절실히 필요합니다. 그럼에도 내가 세상 돌아가는 이치에 대해 모르는 것이 너무나 많기 때문에, 나는 혐오감을 주는 나 자신의 인격과 말을 관용을 불러일으키는 방향으로 전하는 방법을 진정으로 모르고 있습니다. 정말 안타깝게도, 미학에 관심을 두고 있는 공공 복지 위원회의 경우에 매우 민감한 귀를, 그러니까 기쁨의 환성이나 고양된 목소리도 참지 못하고 과격한 표현이나 요란한 구절도 참지 못할 수 있다는 생각이 어제까지도 나의 머리에 떠오르지 않았습니다. 나는 고귀한 이 위원회가 나를 용서해 줄 것이라고 기대하고 있으며, 괜찮으시다면 예민한 신입생들까지도 미학적 감수성에 상처를 입지 않고 나의 말을 들을 수 있도록 나의 인격과 나의 말을 누그러뜨리는 방법을 관대하게 보여주시기를 바랍니다.

나는 나 자신이 중요하지 않은 존재라는 것을, 한 사람의 개인으로서 생각이 올바른 모든 시민들뿐만 아니라 명예직 인 위원회에도 불쾌하게 비치는 존재라는 것을, 또 그들이 진정으로 원하는 것은 나를 단단히 밀봉한 다음에 서명까지 해서 지옥으로 실어 보내는 것이라는 점을 잘 알고 있습니다. 따라서 나는 그들에게 이 난봉꾼을 다시 미덕의 길로 이끌어 달라고 아주 간절히 부탁합니다. 나뿐만 아니라, 극도로 비양심적인 것으로 악명 높은 나의 친구들까지 그런 길로 안내해 주시길 바랍니다. 그럼에도 불구하고, 용기가 부족한 탓에 하고 싶은 말을 그저 푸념처럼 쏟아내는 방법밖에 모르는 말썽꾸러기인 나는 나 자신이 남자들의 사회로 받아들여질 것이라고 기대하고 있습니다. 사람들이 흥분할 때에만 서로에게 진실을 말하고, 차분한 상태일 때에는 상대방에게 적개심을 불러일으키지 않도록 교활하게 거짓말을 하는 그런 사회로 말입니다.

나에게 훌륭한 예의범절을 습득하는 방법과 색칠을 새로 한 꼭두각시처럼 거리를 걸어 다니는 방법을, 그리고 사람이 다른 사람들로부터 진실을 말하고 있다는 믿음을 얻기까지 얼마나 많은 거짓말을 해야 하는지를, 또 명예직의 위원회가 갖춘 미덕들을, 말하자면 우리에게 나아갈 길을 보여주기 위해 우리 앞에서 봉화처럼 빛을 발하고 있는 미덕들을 모방하는 방법을 가르쳐줄 사람이 있으면 언제든 대환영입니다.

곧 시작될 강연 동안에 내가 모든 사람들에게 똑같이 불쾌감을 안겨준다면, 그것은 나의 순진함, 다시 말해 나 자신이 쾌활하고 우애어린 태도에 익숙한 회원들로 구성된 반(半)공식적인 법정의 깊은 미스터리들을 간파하지 못했기 때문이라고 생각해 주시기를 감히 부탁드립니다.

이 소개의 말이 나의 강연에 주어진 타이틀에 비춰 다소 엉뚱하게 다가오더라도 이해해주시길 바랍니다. 그럼에도 사람은 받은 것으로 갚아야 한다는 원칙을 고려한다면, 나로서는 다른 접근 방법을 택할 수 없었을 것입니다.

나의 강연 중 이 첫 부분의 목적은 나 자신을 여러분에게 소개하는 것이었습니다. 두 번째 소개의 목적은 여러분을 나에게 소개하는 것이 될 것입니다.

2.

정밀과학의 경계구역들[1]

짧은 강연을 감히 우리의 모토 '파트리아'(Patria)[2]의 가장 탁월한 측면과 무관한 주제로 정하면서 내가 품은 의도는 지난 겨울 학기와 여름 학기 동안에 우리 지역 분회의 구성원들이 한 매우 흥미로운 강연에서 미해결의 상태로 남았을 수 있는 문제들을 설명하는 데 조금이라도 기여하자는 것입니다. 지금 내가 언급하고 있는, "미해결의 상태로 남았을 수

1 칼 융의 원고에 두 번째 소개가 끝나는 부분을 암시하는 내용은 전혀 보이지 않는다.

2 조국을 뜻하는 라틴어 단어이다.

있는 문제들"은 방금 언급한 논문들이 각자의 주제를 제대로 다루지 못해서가 아니라 그와 정반대로 논문들의 해설이 너무나 탁월했던 덕분에 너무도 흥미로운 일련의 문제들을 전부 노출시킬 수 있었기 때문입니다. 훌륭한 논문이나 강연의 두드러진 특징은 언제나 주제의 범위를 실제로 다룰 수 있는 것보다 더 넓게 암시한다는 점이지요.

우리 대부분은 앞에 언급한 두 강연을 모두 다 들었으며, 틀림없이 우리 모두는 어느 한 학문 분야 그 너머까지 영향을 미치고, 교육 받은 모든 사람들에게 엄청난 관심을 불러일으킬 질문들을 스스로에게 던졌을 것입니다. 그 강연들과 연결되는 이 문제들은 전문가들에게만 해당하는 것이 아니라 모든 인간들에게 해당하는 것이며, 그 문제들에 대한 객관적 또는 주관적 해결은 생각이 깊은 사람이라면 반드시 관심을 가져야 하는 사항입니다.

모두가 잘 아시다시피, 관성의 법칙은 물리적인 현상의 영역에만 국한하지 않으며 인간 사고의 어떤 근본적인 법칙까지 표현하고 있습니다. 그런 것으로서, 관성은 세계 역사의 전개에 어리석음보다 훨씬 더 강력한 요인입니다.

인간에게 고유한 이 관성의 법칙은 대단히 비판적인 정신의 시대를 살고 있는 오늘날에도 모든 분야에서 교육 받은 사람들, 특히 의사들과 자연과학자들이 물질주의에 집착하고 있다는 사실을 드러내 보이면서도 부끄러워하지 않고, 그렇게 함으로써 자신의 지적 빈곤을 스스로 증명하고 있는 현상을 잘 설명해주고 있습니다. 물론, 그런 사람들을 강하게 비난할 수는 없지요. 그들은 단지 잘 알려진 어떤 본보기를 흉내내고 있을 뿐이니까요. 말하자면, 뒤부아-레몽(Emil DuBois-Reymond: 1818-1896)[3]이 베를린에서 말하는 것을 앵무새처럼 그대로 되풀이하고 있지요. 어쨌든, 모든 사람들에게 스스로 사고할 줄 알아야 한다고 요구할 수는 없습니다. 이 같은 사실을 감안한다면, 종국적인 해결책은 "위로부터의 혁명"일 수 있지만, 이런 종류의 혁명은 어떤 것이든 많은 시간이 흘러야 이뤄질 수 있으며, 관성에 젖어 사는 일반 대중이 움직이도록 하기까지는 아마 수십 년의 힘든 노력이 필요할 것입니다.

나 자신도 물질주의를 상대로 투쟁을 벌이는 것이 힘의 낭

3 베를린 대학의 생리학 교수를 지냈으며, 전기생리학을 창설했다. 신경과 근육의 섬유 세포 안에서 일어나는 전기에 관한 연구를 많이 했으며 다윈주의를 신봉했다.

비라는 것을 잘 알고 있지만, 그럼에도 불구하고 나는 의외의 약점을 안고 있는, 터무니없는 거상(巨像)이나 다름없는 물질주의의 초상을 보다 명확하게 그리는 데 도움을 줄 수 있기를 희망하고 있습니다.

이 목적을 위해서, 나는 지금 이 강연에서 정밀과학의 이론들과 가설들을 비판적으로 묘사할 것입니다. 이유는 이것들이 동시대인들의 태도에 결정적 또는 근본적인 역할을 하고 있기 때문이지요. 나는 나의 해설에 절대적으로 필요한 원리들 중에서도 가장 중요하고 가장 잘 알려진 것들에 대해서만 논할 것입니다.

이 비판적인 강연의 주요 목표는 어떤 모순들을 강조하는 것입니다. 만약 강연이 이 목표에 충실하다면, 그 결과는 해결 불가능한 어떤 딜레마의 형태를 취하면서 부정적인 모습을 보일 것입니다. 그러나 어떤 독자도 그 같은 결과에 만족하지 않을 것이기 때문에, 나는 모든 물리적 과정이 반드시 필요로 하는 형이상학적 가정들을 드러내 보여주기 위해서 나의 결과들로부터 명백한 결론을 끌어내는 과제를 떠안기로 했습니다. 그 덕분에, 이 비평이 야기할 수 있는 당혹스런 효과가 상쇄될 수 있을 것이며, 우리는 형이상학의 영역에서 추가로 비판적인 보충 설명을 추구하는 출발점이 되어 줄 그런 긍정적인 결과에 도달할 것입니다.

나의 관점에서 볼 때, 나의 에세이를 대중에게 소개하며 눈길을 끄는 방법으로, 임마누엘 칸트(Immanuel Kant)의 글에서 두 문장을 인용하는 것보다 더 적절한 선택은 없을 듯합니다. 한 인용은 "모든 실체, 심지어 단순히 물질적인 어떤 원소조차도 외적 작용의 원인으로서 어떤 내적 활동을 가져야 한다"는 것입니다. 다른 한 인용은 "이 세상에서 생명의 어떤 원리를 포함하고 있는 것은 모두 비물질적인 것처럼 보인다"는 것입니다.

모두가 알고 있듯이, 세상에는 이런 사람들이 있습니다. 터무니없을 만큼 많거나 깊은 지식 보따리를 짊어지고 세상을 정처 없이 돌아다니면서, "차디찬" 무덤 속에 들어가는 그날까지 그 보따리의 내용물을 최대한 성실하고 꼼꼼하게 분류하다가 자신에게 유리한 기회가 올 때마다 그 소유물을 펼쳐 놓고 경험 없는 사람들의 경외심 가득한 시선 속에 몸을 녹이는 일 외에는 아무것도 하지 않는 사람들 말입니다. 지금 나는 소위 "교육 받은" 사람들에 대해서만 이야기하고 있습니다. 그러나 그런 사람들은 그 과정에 자신의 자그마한

골동품 가게의 엄격한 질서를 약간이라도 방해할 수 있는 것이면 무엇이든 미련 없이 버립니다. 낡은 골동품이 아닌 다른 것을 원하는 불쾌한 말썽꾸러기들은 가장 먼저 찾아오는 기회에 꽤 명확한 수단에 의해 제거됩니다. 이 같은 책략은 과학 영역 전반이 평화를 누리도록 해 주며, 전문성이 걸린 문제를 둘러싸고 개별 학자들 사이에 불화가 일어날 때에만 이 책략이 두드러지게 드러납니다.

학자들의 세계는 대체로 대양(大洋)과 비슷합니다. 거울 같은 대양의 수면은 차분하고 결점 하나 없지요. 모두가 행복하고, 사람들은 모든 것이 설명되어, 아름답고 질서정연하고 제대로 기능하는 구획들로 분류되었다는 점을 강조함으로써 서로의 정신을 고양하고 있습니다. 틀림없이, 모든 것을 다 아는 사람은 없습니다. 평범한 학자 한 사람이 모든 것을 다 알 수는 없지요. 그러나 학자는 자신이 필요로 하는 모든 도움에 접근할 수 있습니다. "어느 한 주제에 정통한 권위자"로 알려진 사람들의 도움을 받을 수 있다는 뜻이지요. 모두가 알고 있는 바와 같이, 이 권위자들은 평범한 학자들보다 많이 아는 사람들이고, 우리에게 모든 것이 부드럽게 돌아가면서 제 기능을 발휘하고 있다는 점을 아주 진지하게 설득시키고 있는 사람들이지요.

그러나 대체로 보면 이 협력자들을 긴급히 소환할 필요조차 없습니다. 사람들의 일상적 필요에 대해 말하자면, 그들은 이 "권위자들"이 존재한다는 사실을 아는 것만으로도 편안한 마음을 가질 수 있습니다. 사실, 아주 많은 다수가, 어쩌면 대부분의 사람들이 안도감을 주는 이런 생각에 의존할 필요성조차 느끼지 않은 채 시류에 편승해 사는 것으로 알려지고 있습니다. 그들은 꿀을 시식하는 아이들처럼, 교육 받은 사람들 중에서 가장 운이 좋은 사람들이지요. 그들은 과학적 지식의 단맛을 조금씩 즐기면서도 아무런 야단을 듣지 않습니다. 그들은 다소 순진하게 황금빛 햇살을 공짜로 즐기고 있습니다. 그들에게는 문제도 전혀 없고, 수수께끼도 전혀 없으며, 고귀한 것도 전혀 없고, 심오한 것도 전혀 없으며, 밝은 곳도 전혀 없고, 어두운 곳도 전혀 없습니다. 그들의 사고와 감정, 그들의 철학과 종교는 단 한 가지 생각으로 모아지고 있습니다. 어떤 개인이 존재하고, 그의 이름은 아무개이며, 그는 거기서 살고 있다는 생각뿐입니다. 한마디로 말해, 그냥 무기력하게 식물처럼 살고 있지요.

혹시, 내가 너무 심했습니까? 나는 그렇게 생각하지 않습니다. 그러나 내가 그리는 초상의 정확성을 판단하는 간단한 방법이 한 가지 있습니다. 단순히 자신에게 이런 물음을 던져보면 됩니다. 사람들이 가장 많은 관심을 갖는 주제들은 무엇이며, 그 주제들은 어느 분야에 속하는가?

이 물음에 대답하기 위해서, 나 자신이 어떤 화환에서 꽃 몇 송이를 뽑아서 작은 꽃다발을 만들어 여러분에게 드리도록 하겠습니다.

교육 받은 사람들이 가장 큰 관심을 보일 주제들 중에서 극단적인 예들만을 선택한다면, 나는 먼저 부끄러워할 줄 아는 것을 망각해버린 어떤 청중을 발견하지 않을 수 없을 것입니다. 오늘날 교육 받은 사람, 심지어 과학자가 추잡하기 짝이 없는 구렁텅이에서 뒹굴고 있는 꼴을 보는 것이 결코 드문 일이 아니니까요. 그러나 이 문제를 논할 이유는 전혀 없습니다. 그런 행위가 소위 교육 받은 사람들에게 꽤 인기가 없기 때문이지요. 대신에 학식 있는 자들이 저지르는 어리석은 일들 중에서 또 다른 견본을 선택하도록 하겠습니다. 정말로 인상적입니다. 바로 마몬(Mammon)[4]이지요. 이런 형

4 '신약성경'에서 부를 뜻하는 표현이다. 대체로 물질적인 부의 악영향을 나타낸다. 부의 신을 뜻하기도 한다.

식으로나 저런 형식으로 돈에 관심을 두지 않는 사람은 모두 삶의 계획을 잘못 짜고 삶의 진정한 목적을 이루지 못하는 것으로 여겨지고 있습니다. 이자율이 1% 오를 때 '테 데움'(Te Deum)[5] 같은 노래를 부르는 그 단체에 속하는 사람들의 숫자가 얼마나 되는지 대략적으로 추산해보는 것도 의미 있는 일일 것입니다. 당연히 나는 사소한 목적을 위해 공부를 하거나 "결혼을 잘 하는" 것을 목적으로 삼고 있는 사람들을 이 집단에 포함시킵니다.

교육 받은 사람들 중에서 90%가 그 위대한 "구세군"에 속한다고 추산한다면, 지나치게 보수적으로 접근하는 것일까요? 나는 하나의 출발점으로 이 수치에 만족할 수 있다고 생각합니다.

여기서 나 자신의 소박한 의견을 밝히도록 하겠습니다. 나는 돈의 특출한 힘을 인정하는 것은 교육 받은 사람에게 명예롭지 않은 일이라고 생각합니다. 만약 그 사람이 황금 자루 앞에서 모자를 벗고 존경을 표한다면, 그것은 훨씬 더 불명예스런 일이지요. 그러나 교육 받은 사람에게 가장 불명예

5 장 밥티스트 륄리(1632-1687)가 작곡한 대표적인 종교 음악. 루이 14세의 건강 회복을 축하하기 위해 만든 것으로 전해진다.

스런 일은 기쁨을 줄 수 있는 바로 그것으로부터 기쁨을 얻기 위해, 다시 말해 마몬을 개인적으로 소유하기 위해 자신의 지식과 기술을 이용하거나 악용하는 것입니다.

나의 주장을 뒷받침하기 위해 몇 가지 두드러진 예들을 꼭 제시해야 할까요? 단지 과학적 지식이라는 신성한 아우라로 감싼 돈주머니를 최대한 빨리 채우기 위해 학문을 추구하는 사람들에 관한 이야기를 꼭 들려줘야 할까요? 다른 사람들은 인간의 완벽이라는 측면에서 거의 절정에 달한 존재로 우러러보고 있는데도 정작 본인들은 서른 조각의 은을 위해 과학과 지식을 팔고 있는 그런 학자들에 대한 이야기를 꼭 들려줘야 할까요?

그런 사람들에 대해서는 언급하지 않을 것입니다. 나는 그 부분에 대해 침묵을 지킬 생각입니다. 나 자신이 개인적인 방향으로 흐르지 않기로 마음을 정했으니까요.

이 대목에서 멋진 속담을 하나 소개할까 합니다. "돈만 있으면 어디서든 살 수 있는 것이 바로 학자와 매춘부"라는 속담이지요.

이보다 절대로 덜 인상적이지 않은 또 다른 예는 성공한 사람으로, 소위 "커리어"를 갖춘 사람으로 여겨지고 싶은 욕망이며, 이 욕구의 노예들은 "입신 출세주의자"로 알려져 있습니다. 그들은 일하고, 분투하고, 무서운 속력으로 삶을 질주하고 있습니다. 그들이 그렇게 하는 것은 동료 인간들을 위해서도 아니고 심지어 자신의 이익을 위해서도 아니며, 어처구니없게도 어떤 허구를, 어떤 망상을 위해서입니다. 그들은 과도한 상상력에서 생겨난 번쩍이는 어떤 유령을, 그러니까 타인의 눈에 비칠 영광을 거머쥐기 위해서 초인적인 에너지로 자신의 삶을 낭비하고, 진리와 정의를 해치고, 자신의 행복과 타인들의 행복을 정신없이 파괴하고 있습니다.

"입신 출세주의자"는 언제나 있었으며, 그 점을 우리는 인정해야 합니다. 그러나 과거에 출세주의자의 비율이 양동이 속의 물 한 방울에 불과했다면 지금은 부셸 되로 측정해야 할 정도로 많습니다. 그런 사람들이 존재해야 한다는 것은 시대를 말해주는 중요한 한 신호이지요. 자신이 회의론자라는 사실에 긍지를 느끼고, 소박한 사람을 움츠리게 할 정도로 근본적이고, 삶의 최고 목표로 무분별한 어떤 광대극을, 말하자면 모든 합리적인 태도를 경멸하는 비현실적인 어떤 이상을 숭배하는 그런 사람들 말입니다. 그들은 순진한 사람들의 단순한 신앙을 비웃으면서 병에 걸린 상상력이 창조해 우상화한 혐오스런 것 앞에 납작 엎드립니다.

저물어가는 세기(19세기)가 무덤 속으로 들어가는 경로를 비추고 있는 이 혜성은 정말로 불길하기 짝이 없습니다.

앞에서 우리는 작은 꽃다발을 만들기 위해 해로운 꽃송이를 3개 땄습니다. 이제는 보다 순수한 "초원의 꽃들" 쪽으로 관심을 돌리도록 하겠습니다. 교육 받은 새끼 양들이 즐겨 뜯어먹는 초원의 꽃들 말입니다.

나는 교육 받은 사람들의 집단이 함께 모여 저녁식사를 하는 자리에 들러 그들의 재미있는 대화를 들어보자고 제안하고 싶습니다.

교육 받은 주부나 그 집의 주인인 그녀의 배우자는 오늘 밤 극장과 콘서트, 온갖 종류의 미학적, 예술적인 일들, 그리고 덤으로 약간의 대중적인 과학 이야기로 손님들을 즐겁게 해 줄 계획입니다. 그리고 당연히 한두 가지의 정치적 사건으로 파티를 생생하게 살려야 합니다.

그래서 모든 사람이 앞에 언급한 주제들에 대해 최대한 명랑한 말투로 떠들고 있습니다. 그들은 어제 열린 콘서트뿐만 아니라 현재 극장에서 공연되고 있는 작품에 대해서도 적절한 칭송이나 가벼운 비판을 표현하고 있습니다. 그들은 미술

관에서 개최되고 있는 전시에 대해서는 다소 혼란스런 모습을 보이면서도 다른 사람의 의견과 정면으로 배치될 수 있는 극단적인 의견을 내놓지 않으려고 조심하고 있습니다. 그들은 너그러운 미소를 지어보이면서 신문에 실린 신랄한 리뷰를 떠올리고, 여론의 뭇매를 맞은 그림에 대해 충분히 비웃으면서도 지나치게 비웃지 않으려 애쓰는 동시에 주머니에 손을 찌른 채 그 문제에 관해 자신들이 독립적인 의견을 갖고 있다는 점을 보여주려고 노력하고 있습니다. 이어서 그들은 와인을 한두 모금 마신 다음 정치로 옮겨갑니다. 당연히 그들은 아르메니아에서 벌어지고 있는 끔찍한 사건들에 대해 언급하는 것을 잊지 않습니다. 조심스럽게 선택한 점잖은 말투로, 그들은 터키의 술탄이 가엾은 아르메니아인들을 그렇게 괴롭히는 것이 조금 이상하다는 식으로 자신의 견해를 표현합니다. 어느 한 손님이 최신 뉴스 속보에 관해 다른 이야기를 들려줍니다. 방금 신문에서 읽은 내용이지요. 그러면 그의 대화 상대는 자신은 그 문제에 대해 아직 들은 바가 없지만 선한 아르메니아인들의 운명에 관심이 많다는 말로 정중하게 화답합니다. 그 다음에 누군가가 X-레이를 주제로 던집니다. 그러면 이제 집으로 돌아갈 시간입니다. 모두가 파티에 완전히 취했으며, 그들 모두는 그날 대화가 대단히 생생하고 재치 있었다고 하늘을 올려다보며 단언합니다.

이 꽃송이들을 앞서 만든 작은 꽃다발에 더한다면, 교육받은 사람들의 사회와 그 사회가 기울이고 있는 관심의 범위를 그리는 그림이 완성됩니다.

그렇다면 우리가 어느 정도 깊이를 보여줄 것으로 기대되는 사람들에게 눈길을 돌렸는데, 그들 모두가 얕은 물에 빠져 허우적거리고 있는 것이 확인되고 있습니다. 학문적인 훈련을 거친 사람들이, 그러니까 입학식 때 자신의 삶을 과학과 진리에 바치겠노라고 숭고하게 선서했던 사람들이 최종적으로 이 늪에 빠져 있는 것을 보는 것은 참으로 슬픈 일이지 않습니까?

우리 자신에 대해 말하자면, 우리도 똑같이 평범하기 짝이 없는 이런 배반적인 얕음에 굴복하고 말 것입니까? 그들처럼, 우리도 언젠가 주어진 재능을 썩히고 말았다는 비난을 들어 마땅한 존재가 될 것입니까? 우리는 사람을 깨닫게 만들 지혜의 여린 씨앗을 무관심이라는 치명적인 서리로부터 보호해야 하는 신성한 의무를 지고 있지 않습니까?

우리는 질문을 던져야 하고, 진리를 추구해야 하고, 지식을 얻기 위해 분투해야 합니다. 우리는 그 외의 다른 것은 하지 못합니다. 자신의 눈조차 제대로 뜨고 보지 못할 정도로 게으른 저 돌대가리들, 말하자면 어떤 문제를 직면할 기회를 누리게 될 때마다 죽은 척하는 자들은 대단히 병적인 사람들입니다. 불행하게도 교육 받은 사람들은 먼지벌레처럼 다른 사람들과 똑같이 처신하는 방법을 알고 있습니다.

그러나 오늘날 교육 받은 사람들이 드러내고 있는 그 이해할 수 없는 무감각의 원인은 무엇입니까? 사실 그 원인은 몇 가지가 됩니다. 첫째, 무의미한 책들이 많습니다. 이 책들이 깊이 탐독되면서 그들의 정신이 엉뚱한 문제로 바쁩니다. 둘째, 우리 시대의 보편적인 생활 방식이 있습니다. 이 방식에 따라 사람들은 훗날 사치스러운 생활을 영위하기 위해서 공부하면서 자신의 전공에만 집중하고 있지요. 셋째, 과학이 실제로 일부 문제들을 설명한다는 독단적인 주장이 있습니다. 그리고 네 번째로, 전반적인 무관심이 있으며, 이 같은 분위기 속에서 사람들은 다른 사람들이 무엇을 공부하고, 어떤 식으로 공부하며, 왜 공부하는지에 대해 조금도 개의치 않습니다.

무관심을 치료할 수 있는 방법은 지금까지 전혀 없었으며,

격언이 말하듯이, "신들도 어리석음을 물리치지 못합니다". 우리에겐 무관심보다 더 높이 올라가는 외에 달리 선택이 없습니다.

*　*　*

비(非)과학자가 정밀과학들의 성과들에 대해 물을 때, 우리는 대체로 분야가 물리학이라면 중력의 법칙에 대해 말하고, 화학 분야라면 파동설과 에테르 이론에 대해 말하고, 동물학과 식물학 분야라면 자연 발생론과 유전, 자연선택에 대해 말하고, 생리학이라면 기계론[6]과 생기론(生氣論)[7]에 대해 말할 것입니다. 만약에 어떤 과학자가 정직하다면, 그는 의문스럽다는 뜻으로 어깨를 으쓱해 보이는 것으로 자신의 말을 마무리지을 것입니다. 그러나 대체로 과학자들은 그렇게 하지 않습니다. 신탁(神託)을 전하는 존재처럼, 독단적인 주장을 풀어놓는 것이 더 멋있어 보이기 때문이지요. 또 그렇

6　자연의 현상은 물질과 운동, 그리고 그것들의 법칙을 통해 설명할 수 있다는 주장을 편다.

7　생명 현상의 합목적성을 인정하고, 그 합목적성이 유기적인 과정 자체의 특이한 자율성의 결과라는 주장을 편다.

게 하는 것이 훨씬 더 인상적이지요.

그러나 만약에 우리가 아주 정직하게 세상에서 벌어지는 일들이 정말로 과학자들이 설명하는 모습 그대로인지, 아니면 그 일들이 겉으로만 그렇게 보일 뿐인지에 대해 스스로에게 묻는다면, 꽤 다른 그림이 나타날 것입니다. 체계나 이론이 하나씩 흔들리기 시작합니다. 많은 것이 윤곽이 흐린 채 남는가 하면, 아예 붕괴해 버리는 것도 있습니다.

예를 들어, 빛과 열과 전기의 이론에 근거를 두고 있는 에테르 이론을 보지요. 우리의 문제는 이것입니다. 정말로 에테르 같은 것이 세상에 있으며, 우리는 그것의 존재를 뒷받침하는 증거를 갖고 있습니까? 결정적인 증거는 전혀 없으며, 지금까지 아무도 정상적인 오감으로는 어떤 식으로든 에테르를 확인하지 못했습니다. 따라서 가장 확실한 결론은 에테르 같은 것은 존재하지 않는다는 것입니다. 그럼에도 에테르의 존재는 이성의 필요조건입니다.

물체와 분리된 운동, 즉 힘의 표현을 우리가 어떻게 생각하고 상상할 수 있습니까? 진동할 물체가 없는 상태에서 어떻게 진동이 일어날 수 있습니까? 빛이 어떻게 절대 진공을 통해 전달될 수 있습니까? 전기 스파크가 어떻게 전도체 없이 이곳에서 저곳으로 이동할 수 있습니까? 그럼에도, 이 모든 현상은 일어나고 있습니다.

빛은 별들 사이의 엄청난 진공을 통과해 짐작할 수 없을 만큼 먼 거리를 여행해 이곳에 닿으며, 번개는 구름을 가르고 나와서 땅에 닿습니다. 따라서 이런 에너지의 표현들을 전달할 어떤 물체, 즉 전도체가 있음에 틀림없습니다. 그러나 이 물체는 우리의 감각에 지각되지 않으며, 어떻든 주관적이거나 객관적이지 않습니다. 그것은 철저히 비물질적임에도 불구하고 우리의 감각에 지각될 수 있는 물질적인 특성들을 갖고 있습니다. 따라서 현실과 이성 사이에 충돌이 빚어지고 있습니다. 이 충돌은 전적으로 물질적이고 회의적인 현대 과학의 태도의 중대한 위반을 뜻하지 않습니까? 이것을, 그러니까 모든 상식에 반하는 이것을 감히 "설명"이라고 부를 수 있을까요?

과학자들은 에테르에 대해 말하는 것을 좋아하지 않습니다. 이유는 어떤 물체와 연결된 것 같지 않은 특성들과 힘들을 다뤄야 하는 상황이 거북하기 때문이지요. 이 딜레마의 함축적 의미를 확장하면, 에테르의 존재를 전제하지 않는 경우에 빛의 존재도 마찬가지로 착각이라고 결론 내리는 것이 이성의 절대적 요구라는 것이 확인됩니다. 그러나 만약에 에테르 같은 것이 존재한다면, 이성은 거꾸로 빛이 지각 불가능한 물체, 그러니까 형이상학적이라는 단어의 가장 충실한 의미에서 말하는 그런 형이상학적인 물체, 즉 비물질적인 물체의 특징들을 갖고 있다고 주장해야 합니다.

그러나 이 같은 단순한 정신적 행위가 우리를 어디로 이끌고 있습니까? 추론의 가장 기본적인 절차가 돌연 우리를 더없이 구체적인 현상이 벌어지는 영역에서 끌어내 응용과학 분야에서 가장 경멸하는 단어인 "형이상학적"이라는 단어를 직면해야 하는 영역으로 옮겨 놓습니다. 우리를 이 경로로 이끈 것이 진정으로 정밀과학의 정신입니까? 틀림없이 그래야 합니다. 이유는 우리가 도달한 결과가 우리가 사실들로부터 끌어내야 하는 명백한 결론이기 때문이지요.

물체를 갖고 있지 않은 특성들은 그야말로 희비극적인 상황에 처해 있을 것입니다. 불가능한 특성을 갖고 있는 물체도 마찬가지입니다. 문제의 물체는 물질 자체이지요. 모두가 알고 있듯이, 상호 인력을 행사하는 것은 모든 물체들에 고유한 특성입니다. 이 현상은 만유인력으로 알려져 있습니다. 인력을 설명하려는 노력은 우리를 대단히 불길한 순환 논증으로 이끕니다. 결말을 짓는 주장이 언제나 똑같으니까요. 물체들이 서로를 끌어당긴다는 것이지요. 그렇게 하는 것이 물체들의 특성이니까요. 이 인력을 어떤 식으로 묘사할 것입니까? 인력이 일어나고 있다는 사실은 의문의 대상이 되지 않습니다. 하지만 인력이 어떻게, 어떤 방법으로 일어나고 있습니까? 이런 물질적인 특성이 그 물체 안에서 어떤 식으로 모습을 드러낼 수 있습니까? 힘이 행사된다는 것은 그 힘이 이 물체에서 다른 물체로 옮겨진다는 뜻입니다. 따라서 그 힘은 다른 물체에 닿기 위해서 정해진 어떤 경로를 따라야 합니다. 그러나 그 힘이 어떤 식으로 이동합니까?

앞에서 이미 본 바와 같이, 전도체가 없는 힘은 모순입니다. 따라서 A에서 B에 닿기 위해서, 힘은 운반자, 즉 전도체를 발견해야 합니다. 에테르가 친절하게도 이 기능을 의무적으로 수행하고 있습니까? 그렇다면, 힘이 에테르의 이 원자에서 다른 원자로 이동할 것입니다. 그러나 이것은 단순히 물체의 특징이 당분간 에테르의 원자들로 전달된다는 것을 의미할 것입니다. 하지만 만약에 원자들이 이 특성을 갖고 있다면, 그것들이 서로를 끌어당기고 따라서 동심원의 어떤 에테르 덩어리가 A와 B의 주위에 형성될 것이며, 그러면

A에서 B로 향하던 힘의 전달은 정지할 것입니다.

아니면 에테르를 중력의 힘과 관련해서 무력하거나 중립을 지키는 것으로 보아야 합니까? 이 설명은 전적으로 초월적인 설명이 될 것입니다. 말하자면, 우리의 인식 능력을 벗어나는 설명이라는 뜻입니다. 중력과의 관계에서 완전히 중립을 지키는 어떤 물체가 전달하는 특성을 우리가 어떻게 상상할 수 있습니까? 그 정의 자체가 자기모순에 빠져 있습니다. 어떤 전도체가 전도체의 특징적인 현상을 드러내지 않고, 다시 말해 전도체의 특성을 전혀 보이지 않고, 지금 논의되고 있는 특성을 당분간만 띠는 것은 절대로 불가능한 일입니다. 이유는 전도체가 어떤 특성을 넘겨받지 않고 그 특성을 띠었다가 전할 수 있는 방향으로 구축되어야 할 것이기 때문입니다. 그러나 이 같은 생각이 너무나 기이하게 다가오기 때문에, 우리는 최종적으로 형이상학적인 어떤 가설로 돌아갔습니다. 한 가설을 또 다른 가설로 설명하는 것이 너무나 허술하다고 느껴졌기 때문이지요.

그리고 다시, 상호 인력의 문제와 에너지 보존 법칙 사이에 어떤 관계가 있습니까? 지금까지 자연의 그 어떤 법칙도 에너지 보존 법칙만큼 보편적으로 인정받지 못했을 것입니다. 생물계와 무생물계의 영역에서 똑같이 이 법칙을 뒷받침하는 증거가 넘쳐나고 있습니다. 이 법칙이 없었다면, 자연과학 분야의 모든 이론과 실험이 불가능했을 것입니다. 에너지 보존 법칙은 모든 상황에서 일정 양의 에너지가 항상 똑같이 잔존하고 있다는 이야기를 들려주고 있습니다. 말하자면, 모든 힘에는 그 힘의 증가에 비례해서 감소하는 어떤 등가의 힘이 존재한다는 뜻입니다. 어떤 에너지원이든, 예를 들어 하루에 일정 양의 에너지를 공급하는 발전소의 경우에, 그 에너지는 어디서 오며 그것의 등가 에너지는 무엇입니까? 그 등가 에너지는 낙수(落水)의 운동 에너지에서 발견되며, 우리는 이 낙수의 힘을 터빈 엔진으로 끌어내지요. 그러나 낙수의 등가 에너지는 어디에 있습니까? 그 등가 에너지는 물의 위치에서 비롯되는 전위, 즉 물은 높은 곳에서 낮은 곳으로 떨어진다는 사실에 있습니다. 물은 그 위치 에너지를 태양의 열로부터 끌어내지요. 태양열이 물을 증발점까지 가열시키고, 따라서 물을 현재의 위치까지 올려주니까요.

이 예를 놓고 추가로 더 논할 필요는 없을 듯합니다. 에너지 보존 법칙의 의미가 모든 사람들에게 분명히 전달되었을 것이라고 나는 믿습니다.

그러면 이제 이 법칙을 만유인력이라는 우리의 문제에 적용시키도록 해 보겠습니다. 중력과 등가인 에너지는 무엇입니까? 만약에 우리가 에너지 보존 법칙을 계속 보편타당한 것으로 여긴다면, 만유인력도 등가의 에너지를 가져야 하니까요.

인력은 절대로 멈추지 않습니다. 모든 물체가 자체의 정지 지점에 일정한 압박을 가하면서 지속적으로 중력을 행사하고 있기 때문이지요. 따라서 물체가 정지하고 있을 때에도 중력은 절대로 멈추지 않습니다. 인력은 정지 상태에서 잠재적인 것이 되지 않고 일정한 크기의 중력으로 나타납니다. 그러나 물체는 이 에너지를 어디서 얻습니까? 우리는 물체가 그 에너지를 물체 자체의 내부로부터 얻는다고 가정해야 합니다. 이 경우에 물체는 본질의 한 부분으로 중력과 등가인 어떤 힘을 갖고 있습니다. 그러므로 법칙들에 따르면, 물체 안에서 그 힘이 발달하게 만드는 어떤 변화들이 일어나야 합니다. 이 변화들이 물질적으로 나타날 수 있는 어떤 힘의 생산을 낳게 되려면, 변화들은 반드시 물질적이어야 합니다. 그러나 물질적인 변화들은 우리의 감각들에 의해 주관적으로나 객관적으로 지각될 수 있으며, 따라서 중력과 등가인 에너지는 증명될 수 있어야만 합니다. 그러나 현실 속에서 우리는 중력과 등가인 어떤 힘도 증명하지 못합니다. 물체의 안이나 밖에서 어떤 변화도 일어나지 않습니다. 물체는 언제나 일정한 수준의 중력을 유지하고 있으며 해가 바뀌어도 변하지 않습니다. 우리는 이 같은 순환 논증, 즉 물질은 중력을 행사하는 것이 물질의 한 특성이기 때문에 중력을 행사한다는 주장에 만족해야 합니다. 여기서 다시 우리는 이성과 현실 사이의 충돌을 보고 있습니다. 이성은 등가의 어떤 힘을 요구하는데, 현실은 그런 것을 전혀 갖고 있지 않지요.

이 발견을 에너지 보존 법칙을 무효화시키는 논거로 제시하는 것은 큰 실수가 될 것입니다. 그 상황을 더욱 면밀히 들여다보면, 만유인력이 에너지 보존 법칙의 출발점인 까닭에 에너지 보존 법칙을 만유인력에 적용할 필요조차 없다는 것이 확인되기 때문입니다. 에너지 보존 법칙은 단순히 일정한 어떤 양(量)의 에너지의 항구성을 나타내고 있으며, 우리는 지금 이 순간 그 양을 보고 있습니다. 만유인력은 그와 똑같은 구체적인 양의 에너지를 나타내고 있으며, 이 에너지의 항구성과 변화는 에너지 보존 법칙을 따르고 있습니다. 우리가 보다 고차원적인 공간 개념으로 정의하기를 바라는 등가의 에너지는 우리에게 확인될 수 없습니다. 이유는 그것이 절대적인 것 안에 있기 때문이지요.

이제 현대 화학 체계의 토대인 원자 및 분자 이론으로 넘어가도록 하지요. 나의 관대한 청중은 내가 현실과 그 화학 체계의 바탕에 깔려 있는 가정 사이에 존재하는 모순을 구체적으로 설명하기 위해 많은 단어들과 주장들을 동원하는 수고를 아끼도록 해 줄 것이라고 나는 믿고 있습니다. 나는 단순히 현대 화학 체계의 논리적 결과와 실제 상황 사이의 충돌을 간략하게 스케치할 생각입니다. 이 문제도 부차적인 중요성을 지닐 뿐입니다. 왜냐하면 여기서 보는 것이 현실과 이성의 요구 사이의 불화가 아니라, 단지 현실과, 이성과 전적으로 조화를 이루지 못하고 있는 어떤 체계 사이의 충돌이기 때문입니다.

우리는 물질이 원자들로 이뤄져 있을 것이라고 상상합니다. 원자는 정의상 더 이상 쪼개질 수 없는 물체입니다. 범위가 없고, 따라서 더 이상 작을 수 없는 점인 그런 물체 말입니다. 여기서 우리는 명백한 모순을 보고 있습니다. 물질은 범위를 갖고 있고, 따라서 물질은 절대로 범위 없는 부분들로 이뤄질 수 없습니다.

이보다 훨씬 더 중요한 문제는, 그리고 보다 일반적인 관심을 불러일으킬 수 있는 문제는 생물학적 과학들인 동물학과 식물학, 생리학의 영역입니다. 거기에 심리학도 포함시켜야 합니다. 나는 지금 생명의 기원에 관한 문제에 대해 언급하고 있습니다.

만약에 이 문제를 비판적으로 검토하면서 우리가 문제 자체가 전개되면서 밟은 경로와 똑같은 경로를 밟게 된다면, 아마 그것이 최선일 것 같습니다. 20년 또는 30년 전에, 최초의 생명의 탄생을 두고 벌어진 논쟁이 과학계 전반에 걸쳐 큰 소동을 불러일으켰습니다. 격렬한 전투가 벌어졌고, 그 전투는 지금도 계속되고 있습니다. 그 불꽃은 최종적으로 헨리 찰턴 배스티언(Henry Charlton Bastian)[8]을 반박하는 것으로도 꺼지지 않았습니다. 불씨는 여전히 잿더미 속에서 이글거리고 있으며, 최근에 기계론과 생기론 사이에 갈등이 벌어지면서 다시 불을 피우고 있습니다. 문제는 변하지 않았습니다. 문제는 여전히 옛날의 문제 그대로입니다. 다만 지금은 그 문제가 훨씬 더 일반적이고 위험한 용어로 다듬어지고

8 영국 생리학자이자 신경학자(1837-1915)로, 무생물의 물질로부터 생물이 발생했다는 자연 발생설을 옹호했다.

있다는 점만 다를 뿐입니다. 여기에 걸려 있는 것은 현실과 이성의 주장 사이의 해결 불가능한 모순이 아니라, 두 주장 사이의 대단히 폭력적인 충돌입니다. 그런데 놀랍게도 이 주장들은 똑같이 이성과 일치합니다. 위태로운 것은 물질적이고 회의적인 현대의 자연관이 보이고 있는, "존재하는가, 아니면 존재하지 않는가"라는 식의 태도입니다.

생명의 진화 과정을 그 시작까지 거슬러 올라가면, 우리는 최초의 세포에 닿습니다. 시원의 바다의 따뜻한 물결에 흔들리며 다가올 미지의 세계를 어슴푸레하게 느끼고 있는 세포이지요. 그 세포가 있고, 그 세포로 인해 생명이 있습니다. 이것은 논쟁의 여지가 없는, 틀림없는 사실입니다. 그러나 뜨거운 증기가 아직 벌겋게 타던, 용해된 지구의 불의 가장자리 주위에서 충분히 압축되기 전에, 그러니까 그 세포 전에 무엇이 존재했습니까? 최초의 세포 이전에 지구에 무엇이 있었습니까? 물질이 언제나 존재했던 것으로 여겨지고 있듯이, 생명은 처음부터 거기에 있었을까요? 그러나 그랬다면 그 생명은 불타는 카오스를, 쇠와 백금의 백열 상태의 증기 속에서 어떻게 살아남을 수 있었을까요? 혹은 생명은 물질의 한 기능일까요? 그렇다면, 최초의 생명의 탄생은 처음부터 보장되어 있었던 셈이지요. 물질은 공상의 날개를 펴면서 생각나는 형태들을 마음대로 만들어냈을지도 모릅니다. 그러나 생물들은 무생물의 물질에서 절대로 나올 수 없으며 오직 생명과의 접촉을 통해서만 발달할 수 있다는 것이 수많은 증거를 통해 확인되고 있는 하나의 사실입니다. 만약에 어떤 한 가지 법칙이 절대적이라면, 그것은 바로 '모든 생명은 알에서 나온다'는 법칙입니다.

실천 이성(경험주의)은 어떤 상황에서도 영원의 법칙들에 따라 전개되는 자연의 그 드라마에 변덕스럽고 무작위적인 사건은 절대로 개입하지 않을 것이라고 말하고 있습니다. 그럼에도, 다른 한편에서 순수 이성(논리)은 생명체의 존재는 생명과의 접촉을 전제로 한다고 말하고 있습니다. 우리는 어느 쪽의 주장을 합당하다고 판단해야 할까요? 한편에선, 현상들의 정당한 과정이 돌연 자의적으로 방해받는 것을 지금까지 아무도 관찰하지 못했습니다. 또 다른 한편에선, 아무도 모든 현상의 지속성에서 어떤 단절을 증명하지 못했다는 말도 똑같이 맞습니다. 두 경우에 주장의 근거가 똑같이 이성적인 근거라는 사실을 우리는 보고 있습니다. 둘 중에서 어느 쪽 주장이 더 뛰어날까요? 논리의 주장은 경험주의가 똑같은 근거에서 단정적으로 부정해야 하는 무엇인가를 요구하고 있습니다.

그러면 이 주장들을 비판적으로 보도록 하겠습니다. 경험주의의 주장의 근거는 무엇입니까? 경험주의의 주장은 과거에 유사한 예가 전혀 관찰되지 않았다는 사실에 바탕을 두고 있습니다. 논리의 주장의 근거는 무엇입니까? 과거에 그런 예들이 수천 건 관찰되었다는 사실에 근거를 두고 있습니다. "경험주의"의 증거는 부정적이고, "논리"의 증거는 긍정적입니다. 저울눈은 논리의 주장에 유리한 쪽으로 기울고 있습니다. 결론은 이렇습니다. 최초의 세포의 창조는 이미 존재하던 생명과의 접촉을 통해서 이뤄졌음에 틀림없다는 것입니다. 이미 열거한 이유들 때문에, 이미 존재하던 이 생명이 물질과 연결되는 것은 불가능합니다. 따라서 이 생명은 물질과 별도로, 즉 비물질적으로 존재했음에 틀림없습니다. 이 말이 이상하게 들립니까? 합리적인 과학의 주장들을 비판적으로 검토하다 보면, 우리는 비물질적 또는 형이상학적 영역으로 들어가게 되어 있습니다.

생기론을 비판적으로 검토하는 일은 필요하지 않을 것입니다. 왜냐하면 앞에서 여러 가지를 설명하는 대목에서 자연 발생의 예를 들면서 생기론과 관련 있는 원리에 대해 이미 설명했기 때문입니다. 나의 청중은 생기론과 관련해서 결론을 내릴 수 있는 능력을 잘 갖추고 있습니다.

이제 여기서 비(非)과학자인 우리의 친구에게로, 그러니까 조금 전에 우리가 과학의 결과들을 아주 권위적인 목소리로 들려주었던 그 사람에게로 돌아가도록 하겠습니다. 그는 이 모든 것에 대해 어떤 말을 해야 할까요? 만약에 우리가 감히 과학적 "결실들"에 대해 말하려 한다면, 그 사람은 그것을 이상하고 건방진 짓이라고 생각하지 않을까요? 정말로, 결실 같은 것은 절대로 없는 것처럼 보일 수 있습니다. 과학은 실제로 어떤 것도 설명하지 못했습니다. 그리고 만약에 과학이 무엇인가를 설명했다고 생각하고 있다면, 과학은 어떤 가설을 갖고 그렇게 했을 뿐입니다. "진정한 이유"를 찾으려 할 때마다, 우리는 엄청난 무(無)에, 모호하기 짝이 없는 가설들의 영역에 닿습니다. 한 움큼에 지나지 않는 우리의 지성은 진정한 설명이 시작되는 바로 그 지점에서 그냥 기능을 멈춰 버립니다. 우리에겐 구체적인 현상들의 영역에서 인과관계의 작용을 확인하는 외에 달리 선택이 없지만, 우리가 그 작용을 설명할 수 있습니까? 절대로 설명하지 못합니다. 이 모든 것을 고려할 경우에, 사람들이 다윈(Charles Darwin)의 종의 기원에 관한 이론에 그렇게 강하게 자극을 받는 것이 오히려 어리석어 보이지 않습니까? 다윈의 이론이 실질적인 것을 전혀 표현하지 않고 있는데도 말입니다. "왜?"라는 질문이 언제나 뒤에 서성대고 있습니다. 그 이론은 설명할 수 없는 것이며, 설명 불가능한 것으로 남아 있습니다.

비과학자인 우리의 친구는 과학이 안겨준 그 유명한 "계몽"에 대한 자신의 생각을 떠올리면서 고개를 저으며 자리를 뜰 것입니다.

그러나 물질에 대해 우리는 뭐라고 말해야 합니까? 우리는 우주적인 무(無)에서 전혀 아무것도 짜내지 못합니까? 아니면 어쨌든 우리에게 불가능해 보이는 것이 가능한 것으로 드러날 가능성도 있는 것입니까? 우리를 이렇게 멀리까지 이끌었던 아리아드네[9]의 실이 진짜로 어둠 속에서 갑자기 끝나 버릴까요, 아니면 우리를 밤의 어둠에서 끌어내서 빛 속으로 계속 안내할까요?

9 그리스 신화에 미노스와 파시파이의 딸로 나온다. 자신이 사랑하는 테세우스가 다이달로스의 미궁에서 빠져나오도록 도움을 준다.

우리는 우리가 끝에 도달했다고 상상합니다. 그러나 실은 우리는 아직 시작 단계에 있을 뿐입니다. 우리는 열쇠를 갖고 있으면서도 문이 잠겨 있다고 생각합니다. 과학이 우리에게 원자재를 제공하고 있습니다. 그런데 왜 우리는 건축을 계속하지 않습니까? 우리는 기본적인 전제들을 갖고 있습니다. 그런데 왜 우리는 결론들을 끌어내는 데 저항하고 있습니까?

초월적인 특성들을 가진 에테르가 어떤 물리적인 현상들을 설명하는 한 근본적인 수단이 되고 있다는 것을 우리는 보았습니다. 이전부터 존재하는 어떤 생명 원리가 생명체의 현상 세계를 설명하는 데 필요한 것처럼 말입니다. 이 두 가지를 우리의 과학적 계산에서 X로 표시하도록 하겠습니다. 우리는 이 두 가지 현상의 일정한 특성들에 대해 꽤 많은 지식을 갖추고 있습니다. 우리의 자연스런 경향은 이 특성들을 그 현상들이 진정으로 소유하고 있는 유일한 특성들로 여기게 되어 있습니다. 그러나 그런 식으로 생각하는 우리가 옳습니까? 최근에 과학계에서 일어난 사건들은 우리에게 수동적인 태도를 취하면서 그냥 자연이 인간에게 드러내기로 선택한 것들을 기다리는 수밖에 달리 방법이 없다고 가르치고 있습니다. 뢴트겐(Wilhelm Roentgen)[10]의 발견은 에테르가 이미 우리에게 알려진 것들 외에 다른 특성들을 갖고 있다는 점을 분명히 보여주지 않습니까? 인간 지식에 일어난 변화를 보여주는 더욱 놀라운 예는 최면술이 독일 과학의 영역으로 의기양양하게 진입한 것입니다. 1세기의 노력 끝에, 대중의 관심이 마침내 생명력의 이 새로운 측면으로 향하게 된 것이지요.

그런 현상은 우리가 성급하게 결론을 내리지 않도록 막을 수 있어야 하고, 또 지금까지 생명의 모든 측면이 충분히 탐험되었다는 주장을 펴지 않도록 막을 수 있어야 합니다. 이 시대의 회의적이고 물질적인 태도는 지적 죽음을 재촉하고 있습니다. 그런 태도는 실제로 우리가 좁은 경계선을 넘지 못하도록 가로막고 있습니다. 그런 태도는 우리가 지금까지 오랜 세월 동안 잔뜩 채워온 창고들을 위해서 계속 자료를 수집하도록 강요하고 있습니다. 우리는 현미경의 성능을 향상시켰고, 그 현미경이 매일 하는 일은 더욱 심한 복잡성을 우리에게 새롭게 드러내는 것입니다. 우리는 망원경의 성능

10 독일의 기계 공학자이자 물리학자(1845-1923)로 1895년에 X-레이를 발견했다.

을 향상시켰고, 그 망원경이 매일 하는 일은 우리에게 새로운 세계와 체계들을 보여주는 것입니다. 수수께끼는 그대로 남아 있으며, 유일한 변화는 그 수수께끼가 훨씬 더 복잡해지고 있다는 것입니다. 우리는 소우주에서 세계의 무한성을 보고, 대우주에서도 그것을 보고 있습니다. 그 모든 것은 어디서 끝날까요?

물질주의에 경도된 우리의 탁월한 학자들이 개구리처럼 개골개골 울고 있는 연못의 둑들에 대해서도 아직 제대로 모르는 처지에, 왜 우리는 무한의 대양을 고갈시키지 못해 안달합니까?

우리가 두 가지 형이상학적 원리들을 물질계의 영역으로 받아들였다는 점에 대해 방금 언급했습니다. 물리적인 현상들은 마지막 세부사항까지 연구되고 검토되었습니다. 형이상학적 현상들은 사실 이해하기 어려운 영역이지요. 틀림없이, 우리가 오랫동안 친숙했던 특성들이 아닌 다른 특성들을 파고드는 것은 값진 일일 것입니다. 두 가지 문제들에 대한 우리의 비판은 우리가 그것들의 존재를 다소 인정하도록 강요하고 있습니다. 오직 물질적으로만 나타나는 어떤 비물질적인 현상, 그것은 불합리한 주장이 아닙니까? 그것은 사실

완전한 난센스가 아닙니까?

특성이 없는 어떤 물체를 상상할 수 있습니까? 나는 불가능하다고 생각합니다. 아무튼 나는 그런 것을 상상할 수 있는 사람을 만나보고 싶습니다. 따라서 그런 것이 존재하는 것은 불가능한 일입니다. 물질적인 특성을 갖지 않는 물질적인 물체를 생각할 수 있습니까? 이것도 마찬가지로 불가능합니다. 그 같은 생각 자체가 논리적 모순입니다. 그러나 비물질적인 특성들을 갖고 있지 않은 비물질적인 물체를 생각할 수 있습니까? 그건 정말로 가능합니다. 오늘날 사실상 전체 과학계가 바로 그런 일을 하고 있습니다. 그러나 우리는 군중과 함께 나아가기를 원하지 않습니다. 우리가 원하는 것은 비물질적인 것이 비물질적인 특성들을 갖도록 허용하는 것입니다.

2장

심리학에 관한 몇 가지 생각
(1897년 5월)

1.

총론

여러분 중 일부는 내가 지난 겨울 학기에 했던 강연을 기억할 것입니다. 그 강연과 관련해서 사람들을 크게 놀라게 만든 것은 서론이었으며, 나는 세상에서 가장 힘든 일 중 하나가 서론에서 본론으로 부드럽게 넘어가는 일이라는 소리를 자주 들었습니다. 오늘 강연에서는 본론으로 넘어가는 길을 부드럽게 닦기 위해서, 나는 임마누엘 칸트의 심리학으로부터 이런 소중한 말을 인용하는 것으로 강연을 열도록 할 것입니다.

"도덕이 언제나 최고이다. 도덕은 우리가 보호해야 하는 것으로서, 신성하고 침범 불가능하다. 도덕은 또한 우리의 모든 고찰과 탐구의 이유이자 목적이다. 모든 형이상학적인 고찰은 이 목적을 추구하게 되어 있다. 신과 내세는 모든 철학적 탐구의 유일한 목적이며, 만약에 신과 내세의 개념들이 도덕과 전혀 아무런 관계가 없다면, 신과 내세는 무가치할 것이다."

지난번 강연 원고가 쓰레기통에서 비명횡사하는 운명을 간신히 모면한 후, 나는 여러분과 함께 지옥의 기슭을 걸어 저승의 영역으로 들어갈 기회를 갖기를 간절히 바랐습니다.

약간의 상상력만 발휘해도 어떤 것은 있음직한 일이고 또 어떤 것은 필요한 일이라고 단정할 수 있음에도 불구하고, 학자가 두려움에 몸을 떠는 것이 과연 어떤 느낌인지를 실감나게 느끼길 원한다면, 일상의 경험이라는 넓은 길이 확고한 기반과 함께 암흑 같은 자연의 심연 속으로 빠져 들어가도록 우리가 가만 내버려둔다고 상상하면 됩니다.

틀림없이, 사람들은 존경받는 과학과 인정받는 철학이 닦아놓은 안전한 경로를 포기하는 것을, 말하자면 깊이를 헤아릴 수 없는 영역을 개별적으로 직접 공략하고, 밤의 그림자들을 쫓아내고, 뒤부아-레몽이 "이그노라비무스"

(Ignorabimus)[11]라는 작은 열쇠로 영원히 잠근 문을 부수는 것을 광적인 모험주의의 행위라고 부를 것입니다. 사람들은 우리를 보고 공상과 미신에 젖은 인간들이라고 비난할 것입니다. 그들은 깔보는 듯한 웃음을 지으며 손을 뻗어 자연의 철칙들을 붙잡고는 그것들을 갖고 반항자들을 죽도록 내려치겠지요. 이런 짓을 할 사람들은 자신의 삶에서 모든 일요일을 교화하는 말과 행동과 생각으로 가득 채우지만 주중에는 "인간은 절대로 알 수 없을 거야!"라고 쓴 팻말을 들고 온 곳을 돌아다니는 사람들입니다. 그들은 우리의 노력은 결실을 맺지 못하고, 가망 없는 헛수고이며, 터무니없는 것을 놓고 생각하며 스스로를 학대하는 짓에 불과하다고 주장할 것입니다. 알베르트 슈베글러(Albert Schwegler)[12]가 철학의 역사에 관해 쓴 책에서 적절한 표현을 끌어낸다면, 그 사람들은 "평균적인 철학"의 신봉자들이지요. 그런 사람들로서, 그들은 "인과성의 범주를 완전히 잘못 사용하고" 있습니다.

분명히, 가장 격렬한 항의는 순수한 무관심에서, 평범한

11 모를 것이라는 뜻의 라틴어 단어이다. 레몽은 일부 과학 문제의 대답을 인간은 영원히 알 수 없을 것이라는 뜻으로 이 표현을 썼다.

12 독일 철학자이자 프로테스탄트 신학자(1819-1857).

표현을 쓰면, 신경을 쓰지 않아서 지적 금주주의자 같은 존재가 되어 버린 사람들과, 문제들에 대한 관심을 일깨우려는 노력이면 어떤 것에든 무조건 저주를 퍼부으려 드는 그런 사람들에게서 나올 것입니다. 이 모든 것들에도 불구하고, 그리고 대단히 강한 불쾌감을 불러일으킬 위험이 있음에도 불구하고, 나는 다른 주제보다 먼저 이 주제에 대해 말하기로 결정했습니다. 나 혼자만의 힘으로 밀고나가야 한다면, 나는 나의 대의명분의 운명이 걸린 문제라서 두려움에 떨겠지만, 나에게 동지들이 있습니다. 그 동지들은 유명한 망명객이나 이단자에 속하는 인물들이 아닙니다. 그런 사람들이라면 크룩스(William Crookes)[13]와 빌헬름 베버(Wilhelm Weber)[14], 특히 칼 프리드리히 쵤너(Karl Friedrich Zöllner)[15] 같이 존경받는 특출한 인물들이 있습니다. 그러나 나의 동지들은 권위에 대해 언급하면서도 꺼림칙한 마음을 조금도 품지 않아도 될 정도로 평판이 있는 사람들입니다. 나는 그런 인물들을 3

13 영국의 화학자이자 물리학자(1832-1919). 1861년에 탈륨을 발견했으며, 복사 에너지를 측정하는 기계를 발명했다.

14 독일의 물리학자(1804-1891)로 칼 프리드리히 가우스(Carl Friedrich Gauss)와 함께 전자식 전신을 발명했다.

15 독일의 천체 물리학자(1834-1882)로 착시 현상을 깊이 연구했다.

명 선택했습니다. 그들의 비판 능력과 판단의 예리함은 절대로 의문의 대상이 될 수 없지요.

첫 번째 권위자로, 나는 다비드 슈트라우스(David Strauss)[16]를 제시합니다. 그는 『성격 묘사와 비평』(Charakteristiken und Kritiken)에서 유스티누스 케르너(Justinus Kerner)[17]와 그의 책 『프레포르스트의 여자 예언가』(Seeress of Prevorst)를 평가했습니다.

다비드 슈트라우스는 그 여자 예언가에 대해 이렇게 쓰고 있습니다. "고통을 겪으면서도 숭고하고 온화한 분위기를 잃지 않는 그녀의 얼굴은 천상의 어떤 빛으로 가득했으며, 그녀의 언어는 더없이 순수한 독일어였으며, 그녀의 말은 부드럽고, 느리고, 엄숙하고, 거의 서창처럼 율동이 느껴졌다. 그녀의 말에 실린, 크게 만족한 황홀한 감정들은 어떤 때는 부드럽고 폭신한 구름처럼, 또 어떤 때는 시커먼 폭풍처럼 그녀의 영혼을 가로질러 두루 떠다니다가 흩어졌다. … 축복받았거나 저주받은 정신들과 주고받거나 그런 정신들에 대

16 독일의 자유주의 신학자(1808-1874)로, 막강한 영향력을 행사한 『예수의 삶』을 썼다.

17 독일의 시인이며 의학 저술가(1786-1862).

해 말하는 [그녀의] 대화는 너무나 진실하기 때문에, 우리는 높은 세계와 영적 교감을 나누는 여자 예언가 앞에 있다는 데 대해 절대로 의문을 품지 못한다. …"

"우리는 케르너의 설명의 진실성을 공격하는 사람들의 의견에 절대로 동의하지 않는다. 그런 사람들은 부분적으로 그 병든 부인이 진의를 숨기고 있다고 비난하고, 또 부분적으로 의사가 실제 벌어지고 있는 일을 파악하는 데 지속적으로 실패하고 있다고 지적한다. 그런 비난은 그 저자 같은 목격자들뿐만 아니라 케르너의 설명을 편견을 갖지 않은 상태에서 읽는 모든 독자들도 근거 없는 것으로 인식하는 하나의 추측일 뿐이다."

두 번째 동맹으로, 나는 아르투르 쇼펜하우어(Arthur Schopenhauer)를 제시합니다. 그는 『부론과 보론』(Parerga und Paralipomena)에서 이렇게 언급하고 있습니다. "트집을 일삼으며 매일 회의론을 불명예스럽게 만들고 있는 무지의 회의론에 맞서 싸우는 것은 나의 사명이 아니다." "오늘날 동물 자기(磁氣)[18]라는 것이 있다는 사실과 그것이 낳는 투시력을 의심하는 사람은 누구나 회의적인 사람이 아니라 무지

18 동물의 몸에 흐르고 있는 것으로 짐작되는 자기와 비슷한 힘을 말한다.

한 사람으로 불려야 한다." 쇼펜하우어는 거의 50년 전[19]에 이런 글을 썼습니다.

내가 제시할 세 번째 동맹은 최후의 철학자로 불리는 쾨니히스베르크의 현자이자 예언가인 우리의 위대한 스승 임마누엘 칸트입니다.

100년 전에, 칸트는 형이상학에 관한 강의에서, 그러니까 합리적인 심리학의 2부에서 이렇게 언급했습니다. "우리는 정신들을 오직 불확실한 실체로만 인식할 수 있을 뿐이다. 말하자면, 우리는 정신들의 존재를 부정할 선험적인 근거를 절대로 제시하지 못한다." "어떤 것이 가능하다는 점이 꽤 분명하다면, 그것은 문제가 많은 토대 위에서도 인정받을 수 있다. 우리는 그런 정신들이 존재해야 한다는 것을 논리적으로 보여주지 못하지만, 어느 누구도 그런 정신들이 존재하지 않는다는 것을 증명하지도 못한다."

130년 전에, 칸트는 『정신을 꿰뚫어보는 어떤 사람의 꿈들』(Dreams of a Spirit-Seer)에서 다음과 같은 고백을 기록으로 남겼습니다. 칸트의 전반적인 견해와 관련해서 중요한

19 『부론과 보론』은 1851년에 출간되었다.

의미를 지니는 고백입니다. "나 자신이 세상에 비물질계들의 존재를 단언하는 경향이 강하다는 점을 고백한다. 나는 나 자신의 영혼을 그런 존재들에 포함시킨다."

다른 곳에서 칸트는 이렇게 말했습니다. "이 모든 비물질계들은, 그것들이 물질적인 세계에서 영향력을 행사하든 안 하든 상관없이, 그리고 어쩌다 여기 이 땅이나 다른 천체들에 동물의 상태로 존재하게 된 모든 합리적인 존재들은, 그것들이 물질의 성분을 지금 자극하든 미래에 자극하든 아니면 과거에 이미 그렇게 했든 불문하고, 바로 그런 조건들에 의해서 그것들의 본질과 부합하는 어떤 공유 상태에서 존재한다. 이 공유 상태는 물질적인 실체들의 관계들을 제한하는 조건들에 의해 결정되지 않으며, 그 공유 상태 안에서는 장소들과 시간들을 분리시키고 있는 거리, 그러니까 눈에 보이는 세계에서 모든 공유 상태를 삼켜버릴 거대한 심연을 만들어내는 거리는 그냥 사라져 버린다. 따라서 인간의 영혼을 현재의 삶에서 이미 두 개의 세계와 연결되는 것으로 보는 시각이 필요하다. 이 두 개의 세계 중에서 인간의 영혼은 어떤 육체와 개인적으로 결합되어 있기 때문에 틀림없이 물질적인 것만 지각한다. 한편, 인간의 영혼은 정신 세계의 일원으로서 비물질계들의 순수한 영향을 받은 다음에 그 영향을 분배한다. 그래서 인간의 영혼과 육체의 결합이 마무리되자마자, 공유 상태 외에 다른 것은 아무것도 남지 않으며, 그 상태에서 영혼은 정신적 본성들을 간직한 채 지속적으로 존재하며, 그 공유 상태는 명쾌한 심사숙고의 한 대상으로 의식에 모습을 드러내야 한다."

마지막으로, 세 번째 단락에서, 칸트는 자신의 시대 그 너머로 예언자적인 시선을 멀리 던지며 이렇게 말하고 있습니다. "따라서 인간의 영혼은 사실상 입증되었으며, 만약에 우리가 넓은 시각을 갖고 있다면 더 쉽게 증명될 것이며, 언제 어디서 일어날지는 모르지만 미래에는 훨씬 더 잘 증명될 것이다. 심지어 현재의 이 삶에서도 인간의 영혼은 정신 세계의 모든 비물질계들과 떼어놓을 수 없는 공유 상태로 존재하면서 비물질계들에게 영향을 주기도 하고 그것들로부터 인상을 받기도 한다. 모든 것이 순조롭게 돌아가는 한, 인간의 영혼은 인간적인 본성을 지키면서 그 인상들을 자각하지 않게 된다."

나의 말을 바로 이 지점에서 끊는 것이 아마 나에게 가장 유익할 것입니다. 앞에 제시한 인물들 같은 걸출한 정신의 소유자들이 할 말을 다 한 뒤에, 나 자신의 생각을 불필요하게 부록처럼 덧붙이는 것은 거의 불경스러운 일이기 때문이지요. 별로 매력적이지 않은 직유를 빌린다면, 나의 생각들은 아마 가지를 넓게 뻗고 있는 웅장한 나무를 기어 올라가고 있는 어리석은 진딧물처럼 비칠 것입니다.

2.

합리적인 심리학

1) 서론

교육 받은 그 속물은 이렇게 말하고 있습니다. "글쎄, 그건 대단히 친절하지만, 나는 내 눈으로 직접 보기 전에는 아무것도 믿지 않아. 그리고 당신이 형이상학이라고 부르는 것은 시대에 아주 뒤처져 있어. 아무도 더 이상 형이상학을 진지하게 받아들이지 않아. 지금도 어쨌든 형이상학적인 개념들이 통용되고 있다면, 아직도 자신의 삶을 온전히 살지 못하고 있는 사람들을 괴롭히는 어떤 강박의 형태로만 쓰이고 있을 뿐이야. 합리적인 사람의 삶에서 모든 것은 철저히 물리적이고 자연적인 차원에서만 전개되는 법이거든."

정말로, 우리가 뒤부아-레몽이 방책으로 박아 놓은 말뚝에 닿을 때까지, 모든 것은 완벽하게 명확하고 이해 가능하며, "하느님이 만든" 모든 것은 마침내 어느 공적 후원자가 이 위험한 전선에 방책을 세운 것에 대해 감사를 표해야 합니다. 사람들은 사방으로 둘러싸인 방책의 울타리 안에서 너무나 아늑하고 안전하다는 느낌을 받고 있으며, 그래서 그들은 어떤 기적도 일어나지 않기를 바라고 있습니다. 기적이 그 평화를 깨뜨릴 테니까요.

틀림없이, 교육 받은 그 편협한 속물의 삶에 그다지 놀라운 구석은 하나도 없습니다. 그는 태어나 자라면서 자신을 발전시킵니다. 보다 높은 수준의 기능은 분화된 신체기관을 요구하니까요. 이어서 그는 자신의 성격과 목표에 맞춰 결혼을 합니다. 그는 정자 세포와 난자 세포의 결합을 통해 아이들을 낳습니다. 그의 자식들은 오스카 헤르트비히(Oscar Hertwig)[20]의 유전 이론에 따라 부모의 특성들을 물려받는

20 독일의 발생학자이자 동물학자(1849-1922)로, 1876년에 수정이 난자 세포와 정자 세포의 결합에 의해 일어난다는 사실을 처음 관찰했다.

축복을 받았습니다. 이어서 그는 차츰 늙어갑니다. 이 같은 사실이 더 이상 그 체계와 맞아떨어지지 않지만 말입니다. 그 다음에 어떤 일이 일어납니까? 그때 그 체계와 절대로 맞을 수 없는 일이 일어납니다. 전혀 이해가 되지 않는 일이지요. 어떤 거짓말이 탄로나고, 어떤 오류가 수정됩니다. 그가 죽지요! 왜? 무슨 목적으로 죽습니까? 그의 의사는 냉혹하게 기록합니다. '질병, 고령에 의한 죽음'이라고 말입니다. 한마디로, 게임이 끝납니다.

시신은 거기에 싸늘히 차가워진 채 뻣뻣하게 누워 있습니다. 직후에 단백질의 부패가 시작됩니다. 그것은 믿어지지 않는 사실이며, 만약에 그 일이 오직 한 사람에게 딱 한 번만 일어났다면, 세상의 어느 누구도 그런 일이 일어날 수 있다는 것을 절대로 믿지 않을 것입니다. 그러나 똑같은 일이 우리 모두에게 일어나며, 그것은 돌이킬 수 없는 일입니다. 평균적인 생명은 겨우 30년 이어집니다. 그러나 왜 죽음이 일어납니까? 무한한 보살핌과 효율성으로 만들어진 생명체가, 그러니까 최고의 목표가 생명을 부지하는 것인 바로 그 생명체가 종말을 맞으며 시들다가 썩어가야 하는 이유가 무엇입니까? 살려는 그 강력한 충동이 그렇게 경멸스럽게 끊어지는 이유가 무엇입니까? 죽음은 우리의 가장 소중하고 신성한 권리인 존재의 권리를 잔인하게 짓밟는 위반으로 우리에게 강한 인상을 줍니다. 급작스럽게 날아든 운명의 일격에, 우리의 모든 계획과 모든 희망과 모든 즐거운 독창성이 완전히 산산조각 나 버립니다. 이 위반이 얼마나 큰 배신으로 다가옵니까! 그 생명체에 실제로 가해졌거나 그 생명체로부터 앗아간 것이 무엇인지를 알아내는 것은 불가능한 일입니다. 시신의 무게를 잰다면, 살아 있을 때의 무게와 똑같을 것입니다. 전체 생명체는 살 준비를 온전히 갖춘 상태로 거기 있습니다만, 그 생명체는 죽어 있으며, 우리는 그것이 다시 살도록 만드는 기술에 대해서는 아직 전혀 아무것도 모르고 있습니다.

2) 합리적인 심리학

육체에서 제거되는 것은 이상한 그 무엇입니다. 삶의 의지를 포함하고 있던 그 무엇이고, 살아생전에 그 생명체와 환경 사이에 조화를 유지했던 어떤 힘입니다. 그것은 하나의 근본적인 힘처럼, 하나의 생명 원리처럼 보입니다. 예전에 생리학자들은 "인과성의 범주"를 적절히 적용하면서 그것을 생명력이라고 부르곤 했지요. 칸트는 이렇게 말합니다. "어떤 지적인 존재가 언제나 물질과 밀접히 결합되어 있는 것 같으며, 그 지적인 존재는 원소들이 서로 작용하는 힘들에는 영향을 미치지 않고 오히려 그 원소들의 상태의 내부 원리에 영향을 미치는 것 같다."

현대의 생리학은 이 "내부 원리"에 작용하는 이 "지적 존재"를 부르는 이름을 전혀 갖고 있지 않습니다. 내가 학기 성적표에서 질책을 받았음에도 불구하고 감히 단언하건대, 또 다시 이유는 그 분야가 순진하게도 원인과 결과를 혼동하고 있기 때문입니다.

상당한 경멸을 당하고 있는 생기론자들 중 한 사람인 생리학자 칼 프리드리히 부르다흐(Karl Friedrich Burdach)는 『경험과학으로서 생리학』(Physiologie als Erfahrungswissenschaft)에서 이렇게 언급하고 있습니다. "물질주의는 설명하고자 하는 바로 그 생명을 전제하고 있다. 이유는 물질주의가 생명 과정을 끌어내고 있는 요소들의 조직화와 혼합 자체가 하나의 생명 과정의 산물이기 때문이다." 옛날의 생기론자들은 많은 실수를 저질렀지만, 그들이 자신들의 체계를 위해서 논리가 기본적으로 요구하는 것들을 희생시킨 적은 한 번도 없었습니다.

생명이 지속되는 동안에 육체에 저항의 힘을 부여하는 생명력은 현상의 영역에서 영속적인 요소입니다. 모두가 알고 있듯이, 육체의 모든 분자들은 대략 7년마다 새롭게 바뀝니다. 따라서 육체의 물질은 지속적으로 변하고 있지요. 만약에 생명을 조직하고 생명의 형태를 다듬는 힘이 물질 안에 존재한다면, 육체의 겉모습이 지속적으로 변하는 것보다 더 자연스러운 일은 없을 것입니다. 그러나 그런 일은 실제로 일어나지 않습니다. 한 인간의 외적 특성들은 언제나 똑같이 남으니까요. 아주 세세한 것까지 모두 보존되고 있습니다. 그 사람의 기억에 담긴 모든 이미지들도 똑같이 남고, 그의 지적 능력도 거의 똑같은 수준을 유지하고 있습니다. 한마디로 말해, 그 개인의 물질에 변화가 일어남에도 불구하고, 그 사람은 똑같습니다. 그러므로 말하자면 생명력이 물질이 세워지는 발판을 이루는 것 같습니다.

부르다흐는 이렇게 말합니다. "우리의 육체의 물질은 끊임없이 변하지만, 우리의 생명은 언제나 똑같으며 하나로 남는다. 신체적 생명은 동시에 지속적으로 일어나는 유기적인 물질의 파괴와 형성 안에 싸여 있다. 따라서 생명은 물질을 지배하는, 보다 높은 그 무엇이다. …"

그러나 보다 최근의 생리학 쪽으로 관심을 돌리면, 너무나 이상한 장면이 보입니다. 생리학자들은 생명을 자연의 법칙들을 빌려 설명하려고 노력하고 있습니다. 생명이 이 법칙들과 상관없이 존재하는 것이 너무나 분명한데도 말입니다. 생명이 모든 자연의 법칙을 부정하고 있는데, 그들은 생명을 자연의 법칙들의 체계 속으로 억지로 구겨 넣으려고 안간힘을 쓰고 있습니다. 자동적인 운동은 중력의 법칙을 위반하고 있고, 육체의 존재 자체가 산소 친화성을 지배하고 있는 법칙과 박테리아 활동을 지배하고 있는 생물학적 법칙을 위반하고 있습니다. 『의지와 표상으로서의 세계』(The World as Will and Idea) 1권에서 쇼펜하우어가 적절히 언급하고 있습니다. "하나의 화학적 현상은 기계적인 현상의 관점에서는 절대로 설명될 수 없고 유기체의 현상은 화학적 또는 전기적 현상의 관점에서는 절대로 설명될 수 없다는 것이 점점 더 분명해지고 있다. 그럼에도 불구하고, 오늘날 옛날의 그릇된 그 길을 다시 더듬고 있는 사람들은 곧 그들의 선임자들처럼 의기소침한 모습으로 조용히 기어 나오게 될 것이다."

만약 우리가 유기체의 생명 현상을 충족 이유의 원리(principle of sufficient reason)[21]에 종속시킨다면, 다시 말해, 우리가 "인과성의 범주"를 옳게 적용한다면, 우리가 어떤 생명 원리의 존재를 가정할 필요가 있습니다. 이것은 광학 분야에서 에테르의 존재를 가정하는 것이나 마찬가지이지요. 이 가정은 과학적 방법의 제1 원리, 즉 어떤 현상을 설명하는 데 이용되는 원리들은 최소한으로 제한되어야 한다는 원리를 위반하지 않습니다. 현재의 예에서, 우리는 새로운 원리를 받아들이지 않을 수 없습니다. 기존에 존재하는 원리 중 어떤 것도 적절한 설명을 제시하지 못하니까요.

어느 한 개체에게 진실인 것은 모두에게 진실입니다. 다윈의 자연선택 이론은 진화를 적절히 설명하지 못하고 있으며, 정말로 새로운 종의 진화와 관련해서 자연선택은 무시해도 좋은 요인이 되고 있습니다. 다른 어떤 분야보다도 계통 발생론의 분야에서, 생명의 원리의 존재를 가정하는 것이 필요합니다.

생명의 원리는 옛날의 생리학자들이 "생명력"이라고 부른

21 세상에 존재하는 모든 것은 반드시 존재의 이유를 갖는다는 원리를 말한다.

것과 다소 비슷합니다. 생명의 원리는 뇌의 기능을 포함해 육체의 모든 기능을 통제하며, 따라서 의식이 대뇌 피질의 기능에 좌우될 정도로 의식도 통제하고 있습니다. 따라서 우리는 의식 안에서, 특히 칸트가 한 것처럼 자기의 의식 안에서 생명의 원리를 찾으려 해서는 안 됩니다.

생명의 원리는 우리의 의식보다 훨씬 더 멀리까지 확장합니다. 그 원리가 우리가 알고 있는 바와 같이 의식의 통제를 받지 않는, 육체의 식물적인 기능들까지 유지하고 있으니까요. 우리의 의식은 뇌의 기능들에 의존하지만, 뇌의 기능들은 그 생명의 원리에 의존하고 있으며, 따라서 생명의 원리는 어떤 본질을 나타내고 있습니다. 반면에 의식은 하나의 부수적인 현상을 나타내고 있지요. 혹은 쇼펜하우어가 말하는 것처럼, "의식은 초월적인 어떤 관념의 대상"입니다. 따라서 우리는 동물적, 식물적 기능들이 공통의 어떤 뿌리 안에, 실제적인 어떤 주체 안에 싸여 있는 것을 봅니다. 이 초월적인 주체에 과감하게 "영혼"이라는 이름을 붙였으면 합니다. 여러분은 "영혼"이라는 단어로 무엇을 의미합니까? 영혼은 공간과 시간으로부터 독립되어 있는 하나의 지적 존재입니다.

첫째, 영혼은 지적인 존재여야 합니다. 지적인 존재의 기준은 그 행위들의 합목적성에 있습니다. 틀림없이 우리의 육체들은 대단히 합목적적인 존재라는 인상을 강하게 줍니다. 따라서 우리는 영혼의 지성을 가정합니다. 만약에 인과성의 법칙이 선험적인 어떤 지위를 갖지 않는다면, 이 가정은 입증될 것입니다.

둘째, 영혼은 공간과 시간으로부터 독립되어야 합니다. 공간과 시간의 개념들은 이해력의 범주들이고, 그런 이유로 그 개념들은 물자체(物自體)와 관련해서 설득적이지 않습니다. 영혼은 감각에 의한 모든 인식을 교묘하게 빠져나가며, 따라서 영혼은 어떤 형태든 물질적인 힘을 이루지 못합니다. 오직 물질적인 형태의 힘들만이 지각의 대상이 되지요. 그러나 공간과 시간의 범주들 안에서, 판단은 감각에 의한 인식에 근거를 두고 있습니다. 따라서 물질적인 형태의 힘들만이 판단의 대상이 될 수 있지요. 바꿔 말하면, 물질적인 형태의 힘들만이 공간과 시간의 경계 안에서 이동할 수 있다는 뜻입니다. 예를 들어, 공간과 시간의 비율에 해당하는 속도 개념을 고려해 보시지요. 아니면 물리학의 기본적인 역학 법칙들 중 어느 것이든 생각해 보시지요.

영혼은 물질적인 형태의 어떤 힘을 나타내지 않으며, 따라서 그것에 관한 판단은 절대로 있을 수 없습니다. 그러나 판단될 수 없는 모든 것은 공간과 시간 개념들의 밖에 존재합니다. 그러므로 영혼은 공간과 시간으로부터 독립되어 있습니다. 따라서 우리가 영혼의 불멸성을 가정할 충분한 이유가 존재합니다.

3.

경험적인 심리학

1) 서론

지금까지 칸트 철학의 신성한 토대를 밟아왔습니다. 그러나 우리가 "어둠의 영역"으로 들어가지 못하도록 가로막고 있는 문들을 부수는 쪽을 택한다면, 여기서부터는 누가 우리와 동행할까요?

칸트가 "경험은 아마 내부 감각만을 가진 존재들이 존재한다는 것을 우리에게 가르치지 못할 것이다."라고 말할 때, 그 말이 다소 거칠게 들리지 않습니까?

또 이런 단락은 어떻게 들렸습니까? "이 정신들에 대해 우리는 더 이상 아무 말을 하지 못한다. 예를 들어, 육체와 분리된 정신이 무엇을 성취할 수 있는지에 대해 우리는 아무것도 모른다. 정신들은 외부 감각이 지각할 수 있는 대상이 되지 못하고, 따라서 정신들은 공간 안에 존재하지 않는다. 이것 이상으로 우리는 아무것도 말하지 못한다. 그 이상으로 말한다면, 우리는 공상의 날개를 펴게 될 것이다."

또 이런 단락도 있습니다. "나의 이 관찰은 철학적 통찰력이 이런 종류의 존재들에 대해 드러낼 수 있는 모든 것을 나타내고 있다고, 또 미래에 우리가 그런 존재들에 관한 온갖 종류의 개념들을 지속적으로 갖게 되더라도, 우리는 우리가 지금 알고 있는 것보다 더 많은 것을 절대로 알지 못할 것이라고 나는 감히 말한다."

칸트는 그가 말한 대로 말하는 수밖에 없었으며, 그의 관점에서 보면 그는 절대적으로 옳았습니다. 그가 이런 말을 한 뒤로, 100년 이상의 세월이 흘렀습니다. 그 세월 동안에 많은 것이 그의 말을 뒷받침했으며, 또 뜻하지 않은 길로 그 말의 의미들을 강화했습니다. 칸트의 인식론은 변하지 않은 상태로 남아 있지만, 그의 독단적인 가르침들은 모든 독단적인 체계가 그렇듯 변화를 겪었습니다. 그 어떤 새로운 천재도 칸트의 사상들을 대체하지 못했습니다. 칸트의 사상들을 대체한 것은 타당성에 의문의 여지가 전혀 없는 사실들입니다. 월리스(Alfred Russel Wallace)[22]가 정확히 지적하고 있듯이, 오늘날 우리는 게으름이나 광적인 회의론 때문에 초감각적인 자료를 부정하는 사람들의 옆을 그냥 미소만 지으며 지나칠 뿐입니다.

칸트가 지금 논의되고 있는 사실들을 아는 것은 불가능했으며, 그것이 그가 그런 식이 아닌 다른 식으로 말할 수 없었던 이유입니다. 칼 루트비히 폰 프렐(Karl Ludwig von Prel)[23]은 칸트가 오늘날 살아 있다면 틀림없이 정신주의자가 되었을 것이라고 말합니다. 꽤 적절한 발언이라 생각됩니다. 칸트는 스베덴보리(Emanuel Swedenborg)와 접촉하기 위해 시간과 노력을 아끼지 않았습니다. 칸트는 능력이 닿는 범위 안에서 스베덴보리의 주장들의 타당성을 검증하려고 노력했으며, 그러는 과정에 스베덴보리의 저작물들을 객관적인 정신에서 철저히 읽었습니다. 독일 땅에서 태어난 현자들 중

22 영국의 자연주의자이자 탐험가, 인류학자, 지리학자(1823-1913).

23 독일 신비주의 철학자(1839-1899).

에서 가장 위대한 칸트와, 그를 미숙하게 모방하는 자들, 말하자면 칸트를 인용하는 영광을 누리면서도 칸트의 심오한 사상을 뒷받침하는 무엇인가를 억누르고 조롱하기 위해 온갖 짓을 다 하는 그런 사람들이 얼마나 뚜렷한 대비를 이루는지 한번 보십시오!

그리고 정신주의자들을 공격하기 위해 칸트의 사상을 이용하는 사람들은 스스로 멍청이라는 점을 드러내는 것이나 다름없습니다. 칸트가 이런 말을 했으니 말입니다.

"심지어 이 삶에서도 인간의 영혼은 정신 세계의 모든 비물질계들과 떼어놓을 수 없는 공유 상태에서 존재하면서 비물질계들에게 영향을 주기도 하고 그것들로부터 인상을 받기도 한다는 것이 언제 어디서 일어날지는 모르지만 미래에는 훨씬 더 잘 증명될 것이다."

칸트는 이 말을 100년도 더 전에 했습니다. 현대의 정신주의와 관련있는 사실들은 아직 기미조차 보이지 않고 있던 때에 말입니다. 거의 60년 전에 쇼펜하우어는 "무지의 회의론"에 반대하는 목소리를 높였습니다. 특별히 염세주의자였던 쇼펜하우어도 회의론을 매일 "불명예 속으로 점점 더 깊이 빠져들고 있는" 것으로 묘사할 수 있을 만큼은 낙천주의

자였지요. 1870년대 중반에, 영국의 언론계로부터 정신주의를 조사하라는 도전에 시달렸던 영국 화학자이자 물리학자 윌리엄 크룩스는 영국 왕립 학회에 그 주제에 관한 보고서를 제출했습니다. 거기에 정신주의 현상의 타당성을 대단히 포괄적으로 확인하는 내용이 포함되어 있었지요. 비슷한 시기에, 다윈의 진화론의 역사에 나름의 역할을 한 것으로 유명한 러셀 윌리스도 마찬가지로 다양한 종류의 텍스트를 발표하면서 정의와 진리를 위해 싸웠습니다. 1877년에 고귀한 췰너가 독일에서 과학적 논문을 발표하고 7권 분량의 시리즈를 통해 정신주의의 대의를 위해 싸웠습니다. 그러나 그의 목소리는 "광야에서 외치는 목소리"였지요. 고결한 정신의 소유자인 그는 과학과 사회의 유대화(Judaization)에 맞서 투쟁을 벌이다가 도덕적으로 상처를 입고 육체와 정신이 황폐한 상태에서 1882년에 죽음을 맞았습니다. 당연히, 그의 친구들, 말하자면 유명한 물리학자 빌헬름 베버와 철학자 페히너(Gustav Theodor Fechner), 수학자 슈브너(Schubner), 그리고 철학자 울리치(Hermann Ulrici)는 췰너의 대의를 계속 촉진시키려 노력했지만, 완고한 분트(Wilhelm Wundt), 믿을 수 없는 칼 루트비히(Carl Ludwig), 악의적인 뒤부아 레몽은 도덕적 쇠퇴를 겪던 독일 전역에서 이 대의를 비방했지요. 모든 것이 허사였습니다. 베를린의 그 유대인이 경쟁에서 이겼지요. 소규모의 독실한 집단은 차츰 사라졌습니다.

독일 정신주의 옹호자 중에서 유일하게 교육 받은 인물은 칼 루트비히 폰 프렐입니다. 그러나 그의 존재는 끊임없이 무시당하고 있습니다.

러시아에는 과학적 훈련을 받은 신분으로 정신주의의 대의를 옹호하는 사람이 둘 있습니다. 상트페테르부르크의 나이 많은 추밀 고문관인 알렉산데르 악사코프(Alexander Aksakov)와 상트페테르부르크 대학의 동물학 교수인 와그너(Nikolai Wagner)입니다.

1892년에는 이탈리아인 2명, 즉 화성에 관한 연구와 브레라 천문대의 책임자로 유명한 천문학자 조반니 스키아파렐리(Giovanni Schiaparelli)와 유명한 인류학자이자 정신과 의사인 체사레 롬브로소(Cesare Lombroso)가 정신주의에 대한 믿음을 선언했습니다. 롬브로소는 "나는 사실들의 노예가 되는 데 대해 자부심을 강하게 느낀다."는 고백과 함께 그렇게 했습니다.

영국인들의 사고가 보다 자유로워졌다는 점을 보여주는

한 지표는 전적으로 전문적인 학자들로 구성된 '변증법 학회'의 창설이었습니다. 그것을 나는 영국 학술 협회(British Association)의 파생물로 믿고 있습니다.

독일과 스위스에는, 칸트나 쇼펜하우어나 휠너 같은 인물이 살았다는 흔적이 전혀 없는 것 같습니다. 흘러가고는 그냥 망각되어 버렸으니까요! 사람들은 지금 널리 인기를 끌고 있는 철학자 에두아르트 폰 하르트만(Eduard von Hartmann)과 그의 무의식 이론에도 귀를 기울이지 않으려 하고, 그보다 더 세밀한 공부가 요구되는 폰 프렐에는 관심을 더더욱 기울이려 하지 않습니다.

우리가 과학의 강단으로부터 듣는 내용은 모두 물질주의의 메아리입니다. 역겨운 냄새를 풍기는 물질주의라는 식물은 이 땅의 모든 과학 기관들에서 자라고 있으며, 출세를 지향하는 인간들의 똥으로부터 자양분을 충분히 공급 받고 있습니다. 기계론적인 심리학과 신경과 근육의 물리학에 빠진 한 교수는 혼란스런 정신들을 낳을 독성 강한 씨앗들을 뿌리고 있습니다. 그러면 그런 정신들은 눈부신 열매를, 말하자면 비할 데 없이 큰, 30배, 60배, 아니 100배 더 큰 쓰레기를 맺을 것입니다. 가치 없는 찌꺼기가 점진적으로 대학의 높은 곳에서 새어나오고 있습니다. 자연스런 결론은 사회의 상위 계층의 도덕적 불안정과 노동자의 완전한 야만화가 될 것입니다. 그 결과, 아나키스트들과 반(反)사회주의자 법 등이 생겨날 것입니다.

자연히 성직자는 불신앙이라는 악마가 인간들의 가슴 속에서 성취하고 있는 착실한 진전 앞에서 야단법석을 떨겠지만, 그 같은 사실이 성직자가 설교단에서 정신주의의 죄를 통렬히 비난하고 사람들의 정신을 정신주의자들에 관한 온갖 종류의 터무니없는 이야기로 채우지 않도록 막지 못합니다. 따라서 성직자는 자신도 깨닫지 못하는 사이에 전반적인 도덕적 붕괴를 촉진시키고 있으며, 법의 수호자인 경찰은 정신주의적인 '사기'를 금지함으로써 똑같은 목표에 기여하고 있습니다. 삶의 모든 것은 전적으로 "자연스럽다"고 믿는 모든 합리적인 사람들, 예를 들어 선생은 계몽의 등불을 꺼뜨리겠다고 위협하고 있는 이런 중세적인 난센스 앞에서 분노하며 그런 분위기를 타파하려고 노력하고 있습니다. 자신의 눈으로 볼 수 없는 것은 절대로 믿지 않는, 교육 받은 그 속물은 반(反)정신주의적인 유언비어와, 저널리스트들이 들려주는 온갖 비열한 거짓말을 맹목적으로 믿으면서 "진보적인" 언론이 출간하는, 그 주제에 관한 인쇄물의 수렁에 빠져 뒹굴고 있지요. 그는 루트비히 뷔흐너(Ludwig Büchner)의 『힘과 물질』(Kraft und Stoff)을 읽었습니다. 이 책에 대해서는 괴팅겐 대학의 노교수인 리히텐베르크(Georg Christoph Lichtenberg)[24]가 꽤 적절히 논평한 바 있습니다. "어떤 사람의 머리가 책과 부딪쳤는데 거기서 속이 텅 빈 소리가 난다면, 그것이 언제나 머리의 결함일까?"

누군가가 그 교육 받은 속물의 삶의 역사를 글로 쓴다면, '게으름'에 관한 장이 책의 반을 차지할 것입니다. 칸트는 어느 시점에 이렇게 말합니다. "자연이 사람들을 다른 존재들의 지배로부터 해방시키고 한참 지나서까지도, 아주 많은 수의 사람들이 자신의 삶을 절대로 향상시키지 않으면서도 꽤 만족하는 이유는 바로 게으름과 소심함에 있다."

내가 이 인용에 대해 추가로 논평하는 것은 불필요한 일입니다. 그것이 나의 견해를 정확히 표현하고 있으니까요. 따라서 거기에 나의 지지를 더하는 것보다 더 자연스런 행위는 없습니다.

24 물리학자(1742-1799)로 괴팅겐 대학의 교수를 지냈다.

2) 경험적인 심리학

경험적인 심리학을 다루는 이 강의의 두 번째 파트에서, 나는 첫 번째 파트의 이론적 고찰을 달가워하지 않은 많은 사람들을 만족시킬 실질적인 증거를 제시할 것입니다. 한편, 똑같은 이 증거는 첫 번째 파트의 이론적인 설명에 원칙적으로 만족하는 많은 사람들을 지루하게 만들 것입니다.

연구를 진행하면서, 우리는 경험적인 방법에 전적으로 의존하고 있습니다. 그것은 우리가 실제의 일상적인 삶에서 경험적인 방법에 의존하는 것과 똑같습니다. 직관은 비판적인 정신을 확신시킬 힘을 갖고 있지 않습니다. 그것은 이론적인 고려가 실용적인 상황을 다루는 방법을 우리에게 보여주지 못하는 것과 똑같습니다. 그럼에도, 정말 이상하게도, 합리적인 심리학의 발견에 완전히 동의하는 꽤 많은 사람들이 다양한 이유로 심리학이 경험적인 측면을 갖고 있다는 점을 인정하길 거부합니다. 쉽게 말하면, '구약성경'과 '신약성경'의 기적을 단호하게 믿으면서도 오늘날에도 그와 똑같거나 비슷한 사건들이 여전히 일어나고 있다는 것을 절대로 인정하지 않으려는 사람들이 바젤에만 수백 명, 아니 수천 명 있을 것입니다. 다시 말하지만, 이론적인 차원에서 영혼이 존재하고 영혼이 여러 가지 속성을 갖고 있다는 것을 받아들이면서도 누구나 그런 것을 실제로 경험할 수 있다는 사실을 부정하는 사람들이 있습니다. 어떤 것에도 신경 쓰지 않고 오직 삶의 그림에 검은 그림자들을 나타내기 위해서만 존재하는 그런 사람들에 대해 말하자면, 그들에 대해서는 말할 필요가 전혀 없습니다.

경험적인 심리학의 최고 관심은 합리적인 심리학의 이론들을 뒷받침하는 실제 증거들을 제공하는 것입니다. 영혼의 존재와 관련해서 합리적인 심리학이 제시하는 제1 원리는 실제적인 증거를 요구하지 않습니다. "인과성의 범주"를 올바르게 이용한다면, 우리는 반드시 영혼의 존재를 인정해야 합니다. 당연히 인과성의 범주를 이용하지 않거나 그 범주의 필요성을 전혀 느끼지 않는 사람들은 이 문제에서 의견을 개진하지 못합니다. 영혼의 존재를 뒷받침하는 사실들의 숫자는 다수입니다. 만약에 영혼이 존재하지 않는다면 이런 사실들이 존재하는 것은 불가능할 것입니다. 그러나 불가능한 사실 같은 것은 절대로 있을 수 없기 때문에, 영혼은 존재해야 합니다.

경험적인 심리학의 중요한 과제 중 하나는 합리적인 심리학이 제시한 영혼에 대한 정의를 세세하게 입증하는 것입니다. 영혼은 공간과 시간으로부터 독립되어 있는 지적인 존재라는 점에 대해서는 이미 밝힌 바 있습니다.

첫째, 영혼은 지적입니다. 이 원리를 뒷받침하는 최고의 증거는 영혼의 합목적적인 활동, 즉 조직화 능력입니다. 영혼의 조직적 활동은 물질화 현상에 드러납니다. 나는 이곳에 계신 청중 모두가 물질화라는 용어의 의미를 알고 있을 것이라고 확신하지 못합니다. 그래서 여기서 잠시 그 용어에 대해 설명할 생각입니다. 그 용어의 의미를 알고 계신 분들에게는 양해를 구합니다.

영혼은 감각에 지각되지 않습니다. 그것이 공간 밖에 존재하기 때문입니다. 감각에 지각되기 위해서는 그것이 공간적인, 즉 물질적인 행태를 취해야 할 것입니다. 감각에 지각될 수 있는 영혼의 모든 표현이 물질화입니다. 지금까지 일어난 사건 중에서 가장 경이롭고 믿기 어려운 물질화는 바로 인간 자신입니다. 그러나 대부분의 사람들은 자신의 존재에 놀랄 줄 모르고, 따라서 인간을 영혼의 한 물질화로 보는 견해를 제대로 평가하지 못합니다. 그래서 우리는 자동적이고 즉

시적인 표현 때문에 우리가 안내 정령으로서의 어떤 지적인 존재를 추론하지 않을 수 없게 만드는 다른 현상들을 찾아야 합니다. 우리가 찾고 있는 현상들은 크룩스와 쵤너, 빌헬름 베버, 페히너, 와그너, 월리스 등이 관찰한 경이로운 물질화입니다.

1873년에 크룩스와 영국 왕립 학회의 회원인 발리(Cromwell Fleetwood Varley)는 영매 플로런스 쿡(Florence Cook)의 도움을 받아 자신의 런던 실험실에서 영혼이 나타나도록 하고, 영매와 함께 그것을 전깃불 밑에서 사진으로 담는 데 거듭 성공했습니다. 와그너 교수도 수없이 많이 실패한 끝에 폰 프리비트코프(von Pribitkov) 부인의 지원을 받아 상트페테르부르크 대학의 어느 방에서 영매의 머리 위에 얹힌 손을 사진으로 찍는 데 성공했습니다. 내가 아는 한, 1877년부터 1879년까지 영매 스택(Stack) 박사와 함께 공동 실험을 실시한 쵤너와 빌헬름 베버, 페히너는 사진을 찍지는 못했지만, 두 조각의 슬레이트 사이에 놓은, 검댕으로 검게 칠한 종이 위에서 손바닥 자국과 발바닥 자국을 확보했습니다.

1875년에, 공간에서 저절로 물질화되었던 손들을 처음으로 파라핀으로 형을 뜨는 데 성공했습니다. 이 업적은 미국

매사추세츠 주의 웰즐리 칼리지의 지질학 교수였던 윌리엄 덴튼(William Denton)이 성취한 것이었습니다(1883). 그때 덴튼 교수는 뉴기니에서 지질 탐험을 하던 중이었지요. 그 이후로 이런 실험들은 되풀이되었으며, 영국과 유럽 대륙에서 대단한 성공을 거두었습니다. 나 자신도 그런 현상을 찍은 사진들을 소유하고 있습니다. 그것들을 보기를 원하는 사람이 있으면 언제든 좋습니다. 영혼의 지적인 조직적 행위라는 생각을 뒷받침하는 증거를 제시하자면 아주 많습니다. 그러나 나의 강의의 범위가 제한적이라는 점을 감안한다면, 지금까지 제시한 예로도 충분합니다. 이 주제를 추구하고 싶어 하는 사람이 있다면, 나는 라이프치히의 뮤츠 정신주의 도서관에 있는 크룩스와 월리스의 논문들뿐만 아니라 췰너의 '과학 논문'(Wissenschaftliche Abhandlungen)과 알렉산데르 악사코프의 '애니미즘과 정신주의'(Animismus und Spiritismus)까지 공부할 것을 권합니다.

이제 영혼의 정의 중 두 번째 요소, 즉 영혼은 공간과 시간으로부터 독립을 누린다는 점을 뒷받침하는 증거를 제시해야 합니다.

개념적 범주들, 그러니까 공간과 시간 그 너머에 있는 모든 것은 초월적입니다. 초월적인 모든 것, 즉 전혀 공간적이지도 않고 전혀 시간적이지도 않은 모든 것은 언제나 우리에게 알려질 수 없으며, 이런 의미에서 보면 "이그노라비무스"라는 주장은 완전히 정당합니다. 우리가 초월적인 것을 직면하는 것은 감각적인 경험의 정신적 영역에만 국한되지 않습니다. 그렇기는커녕, 아이작 뉴턴(Isaac Newton)이 『자연 철학의 수학적 원리』(Philosophiae naturalis principia mathematica)를 출간한 1687년 이후로, 사람들은 일상의 삶 속에서 초월적인 것을 경험할 수 있었습니다. 만유인력은 일종의 원격 작용입니다. 그렇기 때문에 내가 지난 학기에 중력의 법칙에 대한 비판에서 설명했듯이, 그것은 초월적인 어떤 원리의 직접적 표현입니다.

중력은 전적으로 초월적입니다. 중력이 공간과 시간으로부터 해방될 수 있었던 것은 첫째로, 중력이 하나의 근본적인 힘으로서 에너지 보존 법칙과 부합하지 않는다는 사실 덕분입니다. 둘째로, 중력 때문에 하나의 물체는 그 물체 자체가 없는 곳에서는 영향을 미치지 않기 때문입니다. 셋째로, 중력이 절대적으로 일정한 까닭에 배치에 시간이 필요하지 않기 때문입니다. 이것은 원격 작용의 특징이지요.

영혼은 생명 현상의 형이상학적 전제로서 마찬가지로 공간과 시간을 초월하며, 그런 이유 때문에 영혼이 인간의 감각에 잡히는 모습으로 나타나지 않는다는 점은 영혼이 원격 작용의 근본적인 힘으로 나타난다는 사실로 표현되고 있습니다. 따라서 영혼에 대한 우리의 정의의 두 번째 조항을 입증하기 위해서, 우리는 원격 작용을 입증할 증거를 제시해야 합니다.

대단히 명쾌하고 분명한 형태로 증거를 제시하는 최고의 방법은 공간 속의 원격 작용과 시간 속의 원격 작용으로 나눠서 논하는 것입니다.

공간 속의 원격 작용이라는 주제는 염력(念力) 현상과 정신 감응(텔레파시) 현상으로 나뉠 것입니다.

최면은 염력 현상으로 분류되어야 합니다. 이 맥락에서 나 자신이 최면 현상에 대해 더 세부적으로 파고들 필요가 전혀 없습니다. 대단히 훌륭했던 어느 강연이 이미 이 주제를 다뤘으니까요. 단순히 나는 이미 논한 내용을 간략히 요약할 것입니다. 최면술은 최면술사와 최면 대상자 사이에 관계, 말하자면 친밀한 유대를 확립하는 것을 수반합니다. 그런 관계를 확립하는 수단은 최면 대상자가 고정된 어떤 점을 응시하도록 유도하는 것을 포함하며, 일반적으로 단조로운 성격의 자극을 포함합니다. 만약에 최면술사나 최면 대상자가 특별한 어떤 경향을 갖고 있다면, 최면 현상이 강화될 수 있습니다. 이때 최면술사는 최면 대상자로부터 세 걸음, 네 걸음 또는 다섯 걸음 멀어질 수 있습니다. 어느 예에서, 유명한 최면술사 핸슨(Carl Hansen)은 80 걸음 떨어지는 데 성공했습니다. 만약에 최면술사가 별도의 방에 남는다면, 그보다 훨씬 더 높은 수준의 성취를 이루는 것입니다. 최면 대상자가 특별히 예민한 사람인 경우에, 최면술사는 20km, 30km, 아니 그보다 훨씬 더 멀리 떨어진 곳에서도 그와의 사이에 관계를 성취할 수 있습니다. 아주 높은 수준의 정신적 흥분이 일어날 때, 예를 들어 죽어가는 사람이 있을 때엔 거리는 전혀 문제가 되지 않을 수도 있습니다. 그것을 뒷받침할 증거가 필요하지는 않을 것이라고 나는 믿습니다. 틀림없이 모든 사람이 가족 안에서 그런 경험을 했거나 그런 경험에 대해 들었을 테니까요.

이 현상들과 밀접히 관련 있는 것이 '도플갱어' 또는 '더블'(double) 현상입니다. 멀리 떨어진 곳에 사는 친구에게 임박한 자신의 죽음을 알리기를 간절히 원하면서 죽어가는 사람은 이따금 환각을 일으킬 정도로 최면 지각을 강화할 수 있으며, 정말로 물질적 효과를 낳을 수 있는 어떤 실질적이고 객관적인 물질화 현상을 종종 창조할 수 있습니다.

진짜 도플갱어가 나타나는 동안에, 최면술사는 일반적으로 자신이 유도한 몽유의 상태에 깊이 빠지게 됩니다. 그러나 언제나 그런 것은 아닙니다. 도플갱어의 특징인 자각의 크기는 살아 있는 최면술사의 자각과 반비례한다고 믿을 적절한 이유들이 있습니다. 또한 염력 현상으로 분류되는 것은 예를 들어 죽어 가고 있는 사람이 멀리 떨어져 있는 친척이나 친구에게 죽음을 알리기 위해 일으키는 온갖 물질적인 효과들입니다.

텔레파시 현상은 공간 안에서 일어나는 투시력을 포함합니다. 일부 경우에, 지각하는 사람이 염력 효과를 느끼는 민감성도 텔레파시로 규정될 수 있습니다. 그러나 이 민감성은 최면술사의 능동적인 염력보다 더 큰 한에서만 텔레파시가 될 수 있습니다. 그런 경우에 우리는 지각하는 사람의 순수한 투시력을 보게 되지요. 공간이 제기하는 모든 장애가 사라져 버렸습니다. 마치 영혼이 육체의 성가신 껍질로부터 탈출해 모든 속박으로부터 자유로워진 상태에서 떠돌고 있는 것처럼 보입니다.

신뢰할 만한 역사적 출처에 의해 신빙성이 보장되는 고전적인 투시력의 한 예는 칸트가 샬로트 폰 크노블로흐(Charlotte von Knobloch)에게 스베덴보리에 대해 쓴 편지에 소개되고 있습니다. 이 편지에서, 칸트는 스베덴보리가 예테보리에 있던 동안인 1756년에 스톡홀름에서 일어난 대화재를 어떻게 천리안을 가진 것처럼 환상으로 보았는지에 대해 묘사하고 있습니다. 스베덴보리는 잔뜩 겁먹은 대중에게 화재의 전개 상황을 시간마다 보고했다고 합니다. 이 모든 일은 토요일 밤에 일어났으며, 메신저가 그 소식을 갖고 스톡홀름에서 말을 달려 예테보리에 도착한 것은 그 다음날인 월요일 밤이었다고 합니다. 일부 의심 많은 사람들은 이 특이한 사건의 자연스런 설명을 찾기 위해 스베덴보리가 불을 질렀다고 비난하고 나서기까지 했답니다.

우리는 투시력을 보여주는 이 한 가지 예로 만족할 수 있습니다. 이유는 추가적인 예들을 제시하는 것이 사실상 시간 낭비이기 때문이지요. 관련 문헌을 보겠다고 마음만 먹으면 누구나 쉽게 이 현상을 뒷받침하는 예들을 발견할 수 있습니다. 이 주제에 관심 있는 사람에게 폰 프렐의 책 『영혼의 탐구』(Entdeckung der Seele) 2권 『텔레비전과 원격 제어』 (Fernsehen und Fernwirken)를 읽을 것을 권합니다.

시간 속의 원격 작용 이론은 초자연적인 현상이라는 영역에서 가장 모호하고 복잡한 주제에 속합니다. 이 항목 아래로 우리는 예감과 예언, 미래를 보는 능력, 엄격한 의미의 투시력을 분류할 수 있습니다. 나는 이전에 논했던 현상에 대해선 어떤 설명도 하지 않았습니다. 그런 설명이 나의 강연의 범위를 벗어날 것이기 때문입니다. 같은 이유로, 나는 시간 속의 원격 작용을 설명하는 것을 삼갈 것입니다. 그 문제가 대단히 흥미롭고 사실상 설명을 간청하고 있음에도 말입니다. 그러나 나는 적어도 설명이 취할 수 있는 방향을 암시하고 싶은 충동에는 저항하지 못하겠습니다. 이 목적을 위해서 나는 쇼펜하우어의 『부론과 보론』에서 한 단락을 인용하겠습니다.

"공간과 시간의 관념성이라는 칸트의 견해를 바탕으로, 우리는 물자체, 바꿔 말하면 모든 현상들 중 유일한 실체는 지성의 이 두 가지 형태들(지적 범주들)로부터 자유롭기 때문에 가까운 것과 먼 것의 구분에 대해, 그리고 과거와 현재, 미래의 구분에 대해 아무것도 모르는 것으로 이해하고 있다. 따라서 이런 유형의 세계관에 근거한 구분들은 절대적이지 않으며, 그 구분들은 우리가 지금 논하고 있는, [인식] 기관(器官)의 변화에 의해 실질적으로 변하는 인식 유형에 더 이상 극복 불가능한 장벽을 제기하지 않는다."

여기서 예들을 추가로 더 다룰 필요는 없을 것 같습니다. 나는 단순히 폴란드의 몰락을 여러 해 전에 예언했던 그 유명한 코사크 사람의 이야기와, 목격자인 아카데미 프랑세즈의 프랑수아 드 라 아르프(François de la Harpe)에 따르면 1788년에 그 자리에 있었던 사람들에게 각자 죽는 과정을 세세하게 묘사하면서 프랑스 혁명의 공포를 예언했다는 카조트(Jacques Cazotte)의 예를 상기시키고 싶습니다. 나는 아주 가까운 곳에서 일어난 예를 여러분에게 하나 더 제시하고 싶습니다. 나는 절대적으로 신뢰할 만한 사람, 말하자면 병원 소속의 의사로부터 히스테리 증세로 힘들어 하던 여자 환자가 뮌헨슈타인 대참사[25]가 일어나기 몇 개월 전에 모호한 말로 그 사고를 예언했다는 것을 알게 되었습니다. 사고가 실제로 일어났을 때, 그 여자는 스위스 북부에 있었는데 거기서 그녀는 그 재앙을 그것이 일어난 바로 그 순간에 지

25 1891년에 사람이 많이 탄 열차가 귀스타브 에펠(Gustave Eiffel)이 건설한 다리에서 추락해 많은 인명 피해를 낸 사고를 말한다.

각했지요. 그 즉시 전보로 보낸 문의가 천리안으로 본 환상의 정확성을 뒷받침했습니다.

낮은 수준의 의식적인 투시력을 나타내는 예언적인 꿈들도 이 범주에 속합니다. 한 가지 특별한 형태는 스코틀랜드 사람들의 천리안입니다. 그것은 스코틀랜드 북부의 외딴 섬들에 사는 많은 사람들에게 주어진 재능입니다. 최근에 성경의 기적적인 요소들 전부를 최소한으로 약화시키고, 신화적인 주인공들로부터 그들의 두드러진 후광을 벗겨내려는 노력이 강력히 전개되고 있음에도 불구하고, 구약성경의 예언자들은 천리안을 가진 사람으로 묘사될 수 있을 것입니다. 그런데 현대의 그런 노력은, 예언자들을 희화화하고, 또 예언된 사건들이 이미 일어난 뒤에 예언자들의 예언을 갖고 대중을 어리둥절하게 만드는 저널리스트들을 난도질하게 될 것이라는 사실을 무시한 가운데 전개되었습니다. 그런 식의 해석의 무미건조함과 꽤 별도로, 그런 앞잡이들의 요구를 따르겠다는 생각은 어느 유대인에게도 절대로 떠오르지 않았을 것입니다.

4.

결론

지금 우리는 명확한 어떤 결과에 도달했습니다. 영혼에 대한 정의를 뒷받침하는 경험적인 증거를 제시하는 데 성공한 것입니다. 틀림없이, 많은 사람들은 기이하고 독특한 이 절차에 놀라움을 금치 못할 것이며, 많은 사람들은 분노한 보수주의자들이 발로 차서 일으킨 온갖 먼지 때문에 숨쉬기가 어렵다는 사실을 발견할 것입니다. 어리석은 오해와 무관심, 질질 끌며 어떤 결정도 내리길 거부하는 우유부단, 문제들을 흐리게 만들고 무시하기 위해 선험적인 원리들을 제시하는 성향, 옹졸한 현학 취미, 편협한 회의론은 거의 우스꽝스러운 수준에 이르렀지요. 쇼펜하우어처럼, 나도 이렇게 말할 수 있습니다. "무지의 회의론을 타파하는 것은 나의 의무가 아닙니다." 나는 단지 회의론과 시류에 맞춰 의심하는 유명 인사들을 비웃을 뿐입니다. 곧 형식에 얽매이지 않는 후손들의 당당한 웃음소리가 물질주의에 정복당한 독일의 불명예를 선언하며 울리는 종소리에 섞일 것입니다. 학기 성적표와 중앙 위원회에도 불구하고, 나는 지금 나 자신이 진리라고 믿고 있는 것을 말할 생각입니다.

미래의 어느 날, 사람들은 칭송의 소리를 들었던 독일 학자들이 길을 잃게 된 그 불명예스런 과정을 놓고 비웃는 동시에 눈물을 흘리며 슬퍼하게 될 것입니다. 그들은 접속사 "and"로 그 물질주의와 잔인성을 연결시킨 쇼펜하우어를 기억하는 기념비를 세울 것입니다. 그러나 그들은 교육 받은 프롤레타리아인 밑바닥 사람들의 하품하는 입 속으로 많은 양의 물질주의 쓰레기를 쑤셔 넣었다는 이유로 칼 포크트(Carl Vogt)와 루트비히 뷔흐너, 야코프 몰레스호트(Jacob Moleschott), 뒤부아-레몽 같은 인물을 저주할 것입니다.

미래의 사람들은 쇼펜하우어의 『부론과 보론』을 귀하게 여기며 쇼펜하우어가 헤겔(Georg Wilhelm Friedrich Hegel)

을 혹평할 때 썼던 것과 똑같은 단어들을 갖고 물질주의를 공격할 것입니다. 헤겔은 젊은이들의 정신을 마비시키고, 그들의 지성을 거세하고, 그들의 뇌를 뒤죽박죽 엉망으로 헝클어 놓았다는 비난을 들었지요. 물질주의에도 똑같은 비난이 쏟아질 것입니다. 모든 사물과 모든 사람이 타락하고 있는 사실에 대한 책임이 물질주의로 돌려질 것이니까요. 또 물질주의가 정신의 배제를 공식적으로 선언하고 우리의 뇌 속으로 불변하는 자연의 법칙의 영원성과 숭고함에 관한 어리석은 허튼소리를 주입했지요. 그것만이 아닙니다. 물질주의는 도덕성을 망쳐놓았으며, 교육 받은 계급들의 도덕적 불안정을 유발했습니다.

이 비통한 붕괴를 어떻게 해야 저지할 수 있을까요? 무엇보다 먼저, 어떤 초월적인 진리들을 통해 과학과 과학의 옹호자들에게 도덕을 강요함으로써 "위로부터의 혁명" 같은 것을 피해야 합니다. 이유는 어쨌든 과학자들이 도덕적으로 사회와 어긋나는 태도와 회의론을 세상에 강요하는 일을 주저하지 않고 있기 때문입니다.

생리학 분야의 훈련을 제공하고 있는 기관들에서, 학생들은 동물들을 잔인하게 고문하는 식으로 행해지는 수치스럽고 야만스런 실험에 참가함으로써 도덕적 판단력에 훼손을 겪고 있습니다. 실험실에서 동물들을 고문하는 행위는 인간의 품위를 조롱하는 것이나 다를 바가 없습니다. 특히 그런 기관들에서는 비윤리적인 수단으로 획득한 진리는 어떤 것이든 도덕적으로 존재할 권리를 누리지 못한다는 점을 반드시 가르쳐야 한다는 점을 나는 강조하고 싶습니다.

생명 연구를 위한 피난처로 고안된 이런 공적 기관에서, 사람들은 정신적 현상에 관한 실험적인 연구에도 가담해야 하며, 이런 기관들은 "뒤죽박죽 엉망으로 헝클어진 뇌"를 가진 촌스러운 철학자들을 고용할 것이 아니라 멀리 내다보고 자유롭게 사고할 줄 아는 사람들을 고용해야 합니다.

나는 초월적인 어떤 진리들을 무기로 삼아 우둔한 관능주의를 퇴치해야 한다고 말했습니다. 하지만 우리가 그런 진리를 어디서 끌어낼 수 있을까요? 종교에서? 종교의 행정관인 신학자들은 오랜 세월 동안 불신앙의 악마와 싸우면서 거친 소리를 질렀습니다. 헤겔의 철학과 현재의 종교적 정통파가 관심의 대상에서 배제된 이후로, 사람들은 온갖 종류의 특이한 개념들을 떠올렸으며, 그 개념들 중 꽤 많은 것이 알브레히트 리츨(Albrecht Ritschl)에게서 비롯되었습니다. 그러나 우리가 듣고 있는 설교는 우리에게 전할 특별한 무엇인가를 누가 진정으로 가졌는지에 대해 전혀 아무런 단서를 주지 못하고 있습니다. 이유는 금세기의 산물들 중에, 설교단의 지긋지긋한 허튼소리, 즉 "가나안(약속의 땅)의 언어"가 포함되어 있기 때문입니다. 이 언어는 누군가를 화나게 할 수 있는 것을 감추려 할 때 쓰이지요. 아무런 선입관 없이 어느 설교에 귀를 기울인다면, 우리는 곧 자신이 은총과 구원 계획에 관한 생각으로 가슴이 벅차오르는 느낌을 받을 것입니다. 성직자는 교육 받은 사람들에게나 노동자들에게나 똑같이 그런 식으로 말합니다.

노동자들은 기독교 사회주의자들의 보호를 받고 있습니다. 기독교 사회주의자들은 노동자들에게 대단한 열정을 쏟고 있지만, 그 노력이 그다지 큰 성공을 거두고 있지는 못하지요. 기독교 사회주의자들의 목표는 종교를 일깨우고 삶을 다시 기독교 신앙 속으로 집어넣는 것이지만, 모든 노력이 허사로 끝나고 있습니다.

오늘날 대중은 더 이상 믿기를 원하지 않습니다. 그들은 이 사소한 버릇을 상류층으로부터 배웠지요. 마찬가지로,

비도덕적인 신앙 없는 사람들인 학자들처럼, 대중은 알기를 원합니다. 이런 경우에 말씀이 무슨 소용이 있겠습니까? 그리고 세상의 온갖 이상주의는 어디에 소용이 있겠습니까? 종교를 일깨우기 위해서는 위업이 필요하고, 기적이 필요하고, 기적을 일으킬 능력을 가진 사람이 필요합니다. 신이 보낸 사람인 예언가 말입니다! 무미건조한 이론가나 과장된 말을 일삼는 이상주의자로부터는 절대로 종교가 나올 수 없습니다. 종교는 신비와 "초감각적인 영역"의 실체를 위업으로 증명해 보인 사람들에 의해서 창조됩니다. 이성의 건조한 설명과 단순한 종교적 감정은 우리 시대의 파괴를 보상하지 못합니다. 그 일을 할 수 있는 유일한 것은 감각을 초월하는 그 무엇인가의 정당성을 직접적으로 입증하는 사실들입니다.

물론, 인간의 과반이 어떤 사실의 가치를 제대로 평가할 수 있을 것이라는 착각에 빠져서는 절대로 안 됩니다. 이유는 단순합니다. 인간의 내면 깊은 곳에 수동성의 어떤 퇴적물, 말하자면 끈질기고 원초적인 어떤 찌꺼기가 있으며, 그것을 갖고 벌이는 어떤 창조 행위가 일상적으로 정신적 나태를 낳고 있기 때문이지요.

신이 파우스트[26] 같은 존재를 창조하는 데 성공할 때마다, 용의주도한 악마가 바빠지면서 편협한 지적 속물들을 지옥에서 해방시킵니다. 파우스트가 "부조리의 이 바다에서 빠져나와서 위로 올라가려고" 노력할 때 그 속물들이 끝없는 나태라는 끈적끈적한 접착제로 그를 아래쪽에 묶어 놓도록 하기 위해서지요. 교육 받은 속물은 게으름과 소심, 편협, 그리고 "형이상학적인 열망"의 완전한 결여가 특징입니다. 속물은 일요일마다 교회에 나가고, 저녁 식사 시간이 될 때까지 더없이 교훈적인 말과 행동과 생각을 보이며 바쁘게 돌아다닙니다. 오후에 그는 유순한 모습을 보이며 처신을 잘 하고 훌륭합니다. 밤에는 대체로 음악 전문가인 양 꾸미거나, 활짝 펼쳐져 있는 천지창조의 책 속에서 마음의 평화를 추구하며 자연과 교감하기 위해 밖으로 산책을 나갑니다. 일반적으로 그는 매우 고양된 마음 상태에 있으며 의무감을 예리하게 느끼고 있습니다. 그러나 이것 외에 그 사람에게는 아무것도 없습니다. 그는 서서히 약해지다가 거대한 불모지 속으로 사라져 버립니다. 그의 내면에는 활력의 흔적도, 에너지

26 지식과 권력을 얻기 위해 영혼을 악마에게 팔았다는, 중세 전설 속의 인물이다. 괴테도 이 전설을 다뤘다.

의 흔적도, 열정의 흔적도 없습니다. 그는 증오하고, 두려워하고, 익숙하지 않은 모든 것을 폄하합니다. 교육 받은 속물의 충직한 동맹들은 연약한 나비와 나방의 떼입니다. 나비와 나방의 특징은 한 마디로, 사소하다는 단어로 요약될 수 있습니다. 작은 미풍에도 이리저리 날리며, 이 작은 늪에서 저 작은 늪으로 날아다니고 있는 지적 하루살이들!

나의 뜻을 명쾌하게 밝혔다는 생각이 듭니다. 그러나 나는 찌꺼기는 어디까지나 찌꺼기이며 컵의 바닥에 남는다는 것을 알고 있습니다. 그래도 나는 오늘 나의 호소가 아직 유연하고 손상되지 않은 작은 수의 정신에게 어떤 인상을 안겨주었을 것이라고 기대합니다. 이런 나의 낙천주의를 너그럽게 이해해주시길 바랍니다. 만약 이 희망이 헛된 것으로 확인된다면, 그럼에도 불구하고 나는 나의 의무를 다했다는 사실로 스스로를 위로할 수 있습니다.

> 진리를 알면서도 그것을 말하지 않는 자야말로
>
> 진정으로 불행한 사람이니라.[27]

27 독일 시인이자 저널리스트인 아우구스트 빈처(August Binzer:1792-1868)가 쓴 시의 일부이다.

새로운 경험적인 심리학은 생물체의 생명에 대한 지식을 이론적으로 확장시키고 세계관을 더욱 깊게 다듬을 자료들을 제공하고 있습니다. 그 자료는 우리가 자연의 심연을 보고, 지성을 통해서만 이해할 수 있는 세계를 들여다볼 수 있도록 합니다. 그 세계에서는 눈으로 아무리 해안선이나 한계를 찾으려 해 봐야 헛수고일 뿐이지요. 우리가 두 세계 사이의 경계선에 살고 있다는 것을 거기서만큼 예리하게 느낄 수 있는 곳은 어디에도 없습니다. 물질로 이뤄진 우리의 육체와 높은 곳을 응시하고 있는 우리의 영혼은 살아 있는 하나의 생명체 안에서 결합합니다. 우리는 우리의 생명들이 보다 높은 차원의 존재와 접촉하려고 다가서고 있는 것을 보고 있습니다. 우리의 정신적 우주를 지배하고 있는 법칙들은 우리에게 흐릿하게나마 신성한 성격을 허용하는 형이상학적 체제에서 발산하고 있는 그 빛 앞에서 점점 창백해집니다. 사람은 두 개의 세계의 경계선에서 살고 있습니다. 사람은 형이상학적인 존재의 어둠에서 앞으로 나아가고, 불타는 유성처럼 현상 세계를 통과하고, 이어서 무한 속으로 자신의 경로를 추구하기 위해 다시 현상 세계를 뒤에 남겨둡니다.

3장

이론적 조사의 본질과 가치에 관하여

(1898년 여름)

1.

서론

죽었거나 반(半) 죽은, 살아 있거나 반(半) 살아 있는 나의 청중에게.

“이론적 조사의 본질과 가치에 관한 생각이라고?” 점잖은 청중이 의아해 하고 있습니다. “틀림없이 그것은 화려한 철학적 언어로 위장한, 4차원에서 나온 난센스일 거야.” 그렇게 생각하고 있다면, 여러분의 짐작은 크게 어긋날 것입니다. “자 이제 보따리가 풀릴테니, 역청 같은 소리나 듣게 되겠지!” 나의 강연엔 물질 숭배를 지배하고 있는 존경스런 성인들을 모독하는 거친 언어는 전혀 포함되지 않을 것이고, 전통적인 진리에 반대하는 혁명적인 운동도 전혀 포함되지 않을 것이며, 오염된 나의 천성으로부터 우레 같은 소리와 함께 온갖 것들을 깨부수며 굴러 내리는 바위 같은 것도 전혀 포함되지 않을 것입니다. 정말로, 그런 내용은 절대로 없을 것입니다.

나는 바젤이라는 도시의 역사 깊은 권표(權表)를 등에 지고서 한 마리 작은 조랑말처럼 양심적이고 객관적인 태도로, 어린 양처럼 온순하게, 자치 도시의 선한 주민처럼 늘 예절을 생각하고 굴레를 쓴 상태에서 걸음을 옮길 것입니다. 무서울 만큼 거친 자연의 자식의 흔적은 조금도 없을 것입니다. 마치 '미덕 연맹'(League of Virtue)[28]의 소풍에서 가벼운 식사를 하듯이, 나의 단어들은 파이처럼 달콤할 것이고, 부드러운 미풍에 살랑일 것입니다.

나의 강연은 부식성 있는 온갖 주관성으로부터 자유로울 것이고, 양심적일 정도로 객관적일 것이며, 벗겨져 세탁하고 주름을 잡아 다림질한 셔츠처럼 개인적인 모든 것을 배제할

28 독일어로 'Tugenbund'라고 한다. 나폴레옹에게 패한 뒤에 프러시아의 국민정신을 되살리기 위해 1808년에 결성된 비밀 결사이다.

것입니다. 나의 강연의 일반적인 경향은 거드름 피우고 장황할 것이지만, 나는 생각할 소재를 제공하기 위해 강연 동안에 페이지마다 "훌륭한 작가들이 쓴 격언"을 2개씩 의도적으로 인용할 예정입니다. 모두가 젊은 대학생들이 행동하는 데 지침으로 삼을 만한 것들입니다. 내가 말해야 하는 내용도 중대하고 훌륭한 모든 토론 주제처럼 길고 따분할 것입니다. 대체로 조핑기아 클럽에서 하는 이상적인 연설은 우리의 3가지 모토 중 하나와 연결됩니다. 따라서 우리는 연방 은행과 민속음악, 형제애, 신입생에 관한 강연을 듣습니다. 나의 강연은 3가지 모토를 전부 건드릴 것입니다. 달리 표현하면, 조핑기아 클럽을 대상으로 한 입체적인 강연이 될 것입니다. 그래서 이미 밝힌 바와 같이, 강연은 당연히 훌륭할 것입니다.

그러나 어떤 사람들은 아마 정반대로 생각할 것입니다. 과학과 과학적 연구에 대해 어떻게 생각하느냐에 따라서 나의 강연에 대한 판단이 달라질 것입니다.

> 어떤 사람에게 그녀는 고귀한 천상의 여신이고,
> 또 어떤 사람에게 그녀는 그에게 버터를 제공하는 튼튼한 젖소이다. - 실러

2.

이론적 조사의 본질과 가치에 관하여

영원한, 그래서 알 수 없는 미래에 대해 당신은 왜 그렇게 안달하는가? - 호라티우스

칸트는 어딘가에서 철학과 과학은 지적 사치품이라고 말하고 있습니다. 바로 지금, 이 의미심장한 발언에 대해 생각해 보는 것이 특별히 중요합니다. 이유는 오늘날 사람들이 성공을 위해 과학적인 일을 추구하려 하고 있고, 또 모든 과학적 활동을 성공의 근거로 판단하려는 경향을 보이고 있기 때문입니다.

사람들은 공부할 분야를 그 분야가 미래에 안겨줄 소득을 바탕으로 평가하고 있으며, 예정했던 공부 계획에서 어떤 이탈이든 피하는 것이 대체로 바람직한 것으로 여겨지고 있습니다. 왜 그럴까요? 전공 분야에서 이탈하는 것, 말하자면 다른 영역으로 침입하는 것이 전혀 결실을 낳지 못하기 때문이지요. 달리 표현하면, 영역 밖으로 탈선하는 것 자체가 그 당사자에게 자신의 분야에서 지속적으로 활동하는 다른 경쟁자들보다 유리한 것을 전혀 안겨주지 못하기 때문이지요. 정말로, 그런 탈선은 실제로 그 사람의 에너지를 낭비하고 자신의 분야에서 발전을 꾀하는 것을 방해하는 경향이 있습니다. 따라서 그런 탈선은 많은 사람들이 감당할 수 없는 사치이지요.

그러나 칸트는 모든 과학이 사치품이라고 생각합니다. 사치품은 유익하지 않은 그 무엇입니다. 엄격히 말하면, 과학은 조금도 유익하지 않습니다. 이 세상의 문명화되지 않은 민족들은 인간이 과학 없이도 완벽하게 잘 살아갈 수 있다는 사실을 증명하고 있습니다. 과학은 그 자체가 하나의 목적이 되는 그런 높은 지위를 포기하고 산업의 수준으로 물러설 때까지는 유익하지 않습니다. 모든 시대의 문명화된 민족들은 과학으로부터 그 무용성을 제거하고 과학이 실용적인 목적에 이바지하게 하려고 끊임없이 노력해 왔습니다. 왜냐하면 자연 상태의 인간에게, 사용할 수 없는 사물은 전혀 아무런 가치를 지니지 못하며, 손에 만져지는 결과를 낳지 못하는 행위는 행위가 될 수 없기 때문이지요. 이것이 농부와 상인이 일반적으로 학자를 게으른 기생충으로 보는 이유입니다. 과학 중에서 가장 고귀한 철학은 언제나 약간 경멸을 받아왔지만, 지금 철학을 경멸하는 태도는 심각한 수준입니다.

경영자들은 사업가든 공장 소유자든 화학자든 의사든 불문하고, 손에 잡히는 결과물을 내놓지 않는 행위를 모두 쓸모없는 것으로, 따라서 전적으로 해로운 것으로 보고 있습니다. 무한히 실용적이고 철저히 현실적인 우리 시대의 경향은 모든 이상주의에 반대하고 있습니다. 관심의 초점이 외적인 사물들 사이의 관계 쪽으로 지속적으로 이동하고 있습니다.

사람들은 인간 종(種)의 구원이 질서가 잘 잡힌 상태에, 그러니까 사회적 발달에 있다고 느낍니다. 사람들은 개인의 행복을 외부 상황에, 예를 들면, 경제적 안전에 좌우되는 것으로 보고 있습니다. 그래서 모든 것이 이 목적에 부합하는 방향으로 바뀌고 있어도 놀랄 일이 전혀 아닙니다.

일부 분야에서, 인간의 관심의 세속화가 대단히 생산적인 것으로 확인되었습니다. 우선, 우리 문화가 전반적으로 발달을 이루고 있는 것이 바로 그런 세속화의 덕분입니다. 인간 관심의 세속화는 현대의 민족 국가의 구조를 낳았으며, 그 세속화는 과학들이 성취한, 모든 실용적인 기술 및 산업 발달의 원천입니다. 물질적 성공의 쾌락에 취한 인간들은 존재의 활기와 소란에 빠져 지내고 있습니다. 그런 인간들은 물질적 성공이 자신들에게 모든 것을 안겨줄 것이라고 기대하고 있습니다.

그 전 어느 시대보다 우리 시대에 더 두드러진 이런 추세는 동시에 몇 가지 역설을 두드러지게 만들었습니다. 여기서 그 역설 몇 가지를 언급하지 않을 수 없습니다. 예를 들면, 민족주의가 있고, 국가에 대한 전적인 헌신이 있고, 사회 민주주의가 있습니다. 교회조차도 그 원무(圓舞)에 가담하면서 온갖 이상한 특성들을 보이고 있습니다. 교회에서 사람들은 조국의 안녕을 위해 기도하지만, 그들은 모든 사회적 혜택은 반드시 어떤 사회적 불행에 의해 상쇄되게 되어 있다는 것을 까맣게 모르고 있습니다. 따라서 간접적으로 우리는 우리 나라 산업이 이득을 챙길 수 있도록 외국 제조업자들에게 재앙을 내려 달라고 기도하고 있습니다. 정말로, 현대 기독교 교회의 대표자들은 더 나아가 국가에 대한 헌신까지 설교하고, 교회를 선한 시민들을 형성하는 책임을 진 기관으로 여기고 있습니다. 니체는 이렇게 말했습니다. "여기서 우리는 최근에 모든 지붕 꼭대기에서 설교한 그 원칙의 결과를 눈으로 확인하고 있다. 그 원칙이란 바로 국가가 인간의 최고 목표이며, 인간은 국가에 이바지하는 것보다 더 높은 의무를 전혀 지지 않는다는 것이다. 나는 이것을 이교도 신앙으로 역행하는 것이 아니라 어리석음으로 역행하는 것으로 여긴다."

모든 인간 관심의 세속화라는 개념은 또한 철학 분야에도 영향을 미치면서 거기서도 옹호자들을 발견했습니다. 예를 들면, 내재적인 행복주의 도덕 원리를 제시하는 에두아르트 폰 하르트만이 있습니다. 또 인본주의적인 목표들의 옹호자인 빌헬름 분트도 있지요.

물질적 성공이 언제나 인간의 유일한 목적이었던 것은 아닙니다. 중세는 신정 국가라는 사상이 만개하는 것을 목격했으며, 수많은 수도원과 교회들은 존재의 초점이 외적 현상이 아니라 각 개인의 내면 생활에 맞춰져 있었다는 사실을 증명했습니다. 인간은 자연과 훨씬 더 가까이 접촉했으며, 인간은 문명 생활의 수많은 편의들에 의해 자연과 피상적인 관계만 맺도록 내몰리지 않았습니다. 인간은 개인들 사이에서도 한 사람의 개인으로 남을 수 있는 시간을 발견했습니다. 중세인의 문명의 근본 원칙은 세상의 미래에 대한 관심이었지요. 바꿔 말하면, 중세의 인간은 물질적 성공을 거의 중요하지 않거나 전혀 중요하지 않은 것으로 보았다고 할 수 있습니다. 중세의 사람들에게 발달은 당연히 외적인 문제가 아니라 내적인 문제를 뜻했습니다. 중세 사람은 공공복지나 사회적 번영이라는 개념에 대해 전혀 알지 못했습니다. 중세의 인간이 이해한 것은 세상이 향상될 수 있고 세상은 개인의 발달과 향상을 통해 구원받을 수 있다는 것이 전부였습니다. 중세의 인간은 초월적인 이기주의가 특징이었습니다. 현대인은 내재적인 이기주의가 특징입니다. 어느 것이 기독교의 관점인지에 대해서는 굳이 말할 필요가 없을 것 같습니다.

현대인은 개인에 대해 아무것도 모릅니다. 현대인이 아는 개인들은 주(州)들과 민족국가들입니다. 대체로 현대인은 자기 자신을 한 사람의 개인으로 보는 인식을 이미 잃어버렸습니다. 현대인은 자신이 하나의 분자라고, 국가를 이루는 끝없는 사슬 속의 고리 하나라고 느끼고 있습니다. 현대인은 개인의 행복을 성취하는 책임을 자기 자신에게서 국가로, 즉 자신과 동료 인간들 사이에 합법적으로 규제되고 있는 관계들로 이동시켰습니다.

개인들 사이의 차이는 당연히 자질의 차이를 수반합니다. 그런 차이는 국가의 합법적인 통합과 동질성에 영향을 미치는 불쾌한 문제들을 낳으며, 따라서 현대인은 모든 사람들을 최대한 똑같이 교육시킴으로써 개성을 평준화하려고, 말하자면 개성을 지워버리려고 노력하고 있습니다. 인간은 모두 자신의 운명의 건축가라는 말은 오늘날에는 맞지 않습니다. 국가가 개인을 대신해 개인의 운명을 창조하고 있지요.

모든 관심들의 완전한 세속화가 현대인이 중세인과 다른 특징입니다.

외적 관계를 완전하게 다듬는 과정이 인간을 자연과의 연결로부터 떼어놓았습니다만, 무의식적 연결은 끊지 않고 의식적인 연결만 끊어 놓았습니다. 문명화된 인간은 자신이 자연의 미숙보다 훨씬 더 높이 솟아올랐다고 믿고 있습니다. 20년 내지 30년 동안, 문명화된 인간은 실제로 어느 군주의 추밀 고문관을 맡거나 스위스 대표자 회의의 구성원 역할을 맡았습니다. 그러나 하룻밤 사이에 반역적인 세균이 나타났으며, 세계에서 질서가 가장 잘 잡힌 상태에서 겉보기에 너무나 장엄해 보였던 국가 안에서 문명인의 모든 영광이 갑자기 병에 걸려 신음하며 드러누워 있습니다. 그 모습은 호텐토트인[29]이나 우리의 혈거인 조상들보다 조금도 더 낫지 않습니다. 그렇다면 우리의 손자들이 기대해야 하는 완전히 문명화된 세계는 도대체 무슨 도움이 되며, 장엄한 미래, 그러니까 기술적 향상 덕분에 손자들이 비행기를 타고 여행하고 합성 단백질을 먹는 미래는 무슨 소용이 있겠습니까? 불쌍하고 늙은 문명인은 제아무리 문명화되고 정치적으로 현대화되었다 할지라도 삶으로부터 버림받고, 삶의 무자비한 명령에 굴복하면서 자신이 깊이 인정하고 확신했던 존재를 뒤로한 채 사라져야 합니다.

그가 물질적 성공을 성취했지만, 그 성공이 그를 행복하게 만들었습니까? 아닙니다. 절대로 그렇지 않습니다. 사물을 소유하는 데는 쾌락이 전혀 없으며, 오직 그것을 획득하는 과정에만 쾌락이 있을 뿐입니다. 어떤 사람도 더 많은 것

29 남아프리카에서 반투족 이외의 목축 민족들을 일컫는 표현이었다.

을 추구하고 싶은 마음이 들지 않도록 만드는 성공을 거두지 못했습니다. 이유는 간단합니다. 인간이 행복을 추구하지만, 행복은 인간이 행복을 성취하는 순간에만 행복일 뿐이며 직후에 다시 인간은 그 전에 알았던, 똑같이 무미건조하고 일상적인 것으로 돌아가 버리기 때문입니다.

현대인이 물질적 성공에서 행복을 추구한다는 사실은 현대인으로 하여금 그 같은 목적에 기여하지 못하는 모든 행위를 헛된 것으로 여겨 거부하도록 하고 있습니다. 행복이 외적인 요소들에 있다는 가정은 대부분 선험적인 판단입니다. 그것은 곧 대부분의 사람들은 행복이 그런 것이 아닌 다른 곳에 있을 수 있다는 생각을 조금도 품지 않는다는 뜻입니다. 말하자면, 그들은 행복이 외적 원인이 아닌 다른 것에 근거할 수 있다는 생각을 절대로 품지 않습니다. 그러나 이것은 완전히 잘못된 결론입니다. 틀림없이, 그 같은 결론은 귀납법처럼 보이는 추론에 근거하고 있습니다. 사람들이 물질적 성공이 어떤 사람에게 쾌락을 준다는 것을 눈으로 확인하고 있다는 점에서 보면 그렇습니다. 이 같은 관찰이 허황된 생각으로 이어집니다. 물질적 성공이 모든 기쁨의 원인이고, 물질적 성공이 모든 상황에서 사람을 행복하게 만든다는 생각을 품게 되지요.

성공이 반드시 기쁨과 연결되는 것도 아닙니다. 성공은 그 자체로 완전히 중립적입니다. 모든 것은 개인에게 달렸습니다. 만약에 개인이 이미 행복하다면, 성공은 그 사람의 행복을 증대시킬 것입니다. 만약 개인이 불행하다면, 더없이 환상적인 성공도 종종 쓰라린 감정을 일깨울 수 있습니다. 행복은 순수하게 주관적이며 외적인 것과는 필연적인 관계를 전혀 갖고 있지 않습니다. 만약 이 말이 진리가 아니라면, 100만 프랑을 갖지 않은 사람의 불행은 그 목표까지의 거리의 제곱에 비례할 것입니다. 행복은 너무나 주관적이기 때문에 종종 외적 요소들과 아무런 관계가 없습니다. 괴테가 말하듯이, "심신의 상쾌함이 당신의 영혼에서 흘러나오는 것이 아니라면, 당신은 상쾌한 기분을 결코 느끼지 못한다".

따라서 우리는 현대인의 행복 추구가 극히 일방적이라는 사실을 확인하고 있습니다. 우리의 밖에 있는 비근본적이고 우연적인 원인들에서 행복을 추구하고 있는 것입니다. 그러나 쇼펜하우어는 오래 전에 우리 자신의 밖에 있는 행복은 절대로 진정한 행복이 아니며 불행의 중단일 뿐이라고 주장했습니다. 따라서 실질적인 행복을 추구하면서, 우리는 전적으로 우리 자신의 자원, 즉 우리의 주관적인 요소들에 의존합니다. 우리 자신이 아닌 다른 곳에는 실질적 행복이 절대로 없습니다. 실질적 행복이 하나의 주관적인 상태이고, 그런 상태를 낳는 원인이 전적으로 원인과 결과의 객관적인 사슬의 밖에 있기 때문이지요. 따라서 행복에 이르는 길은 극장과 콘서트 홀, 명예와 영광을 통과하지 않으며, 그 길은 우리 자신의 존재의 헤아릴 수 없는 깊이 속을 올라가거나 내려갑니다. 이에 대해, 쇼펜하우어는 "우리의 존재 뒤에, 우리가 세상을 옆으로 밀쳐놓을 수 있을 때에만 우리에게 다가서는 다른 무엇인가가 있기 때문"이라고 말합니다.

실질적인 행복의 한 가지 요소는 소위 훌륭한 양심, 즉 도덕적으로 떳떳하다는 감정입니다. 이 감정은 칸트가 정언명령이라고 부른 어떤 본능적인 충동을 충족시키는 데서 비롯됩니다. 우리가 선하다고 생각하는 일을 하고, 도덕적으로 악하다고 생각하는 일을 삼가는 것은 제지할 수 없는 요구입니다. 정언명령의 요구에 맞춰 행동하는 것은 우리에게 쾌감을 안겨줍니다. 이것은 어떤 본능이든 충족되는 경우에 일정 크기의 쾌감을 불러일으키는 것과 똑같습니다. 최근에 에두아르트 폰 하르트만은 본능의 충족에서 일어나는 이런 쾌감에 특별한 중요성을 부여하면서, 무수한 과학적 예들을 바탕으로 귀납 논리를 이용해 그것을 문서로 증명했습니다.

행복의 또 다른 무한한 원천은 인과성 본능의 충족일 수 있습니다. 실천 이성의 분야에서, 하나의 표결권과 하나의 법이 우리의 행동을 지배하듯이, 순수 이성의 영역에서도 우리는 모든 과학적 법칙들이 나온 한 가지 법칙의 지배를 받습니다. 그것은 바로 인과성의 범주이지요. 칸트가 인간의 사고를 지배하고 있는 법칙을 조사했을 때, 그는 모든 사고가 일정한 형태들의 범위 안에서 전개된다는 것을 발견했습니다. 이 형태들을 그는 범주라고 불렀지요. 그런 범주를 그는 12개 발견했습니다.

쇼펜하우어는 칸트 철학에 대한 비판에서 그 범주를 3개로, 즉 시간과 공간과 인과성으로 줄였습니다. 시간과 공간은 지각의 형태들이고 인과성은 사고의 형태입니다. 이 3가지는 선험적인 범주들, 그러니까 경험에 앞서는 판단들입니다. 정신은 이런 범주들 없이 작동하지 못합니다. 시간과 공간의 구조 안에서 전개되지 않는 심상 같은 것은 절대로 없으며, 또 인과성이 가장 깊은 본질을 이루지 않는 그런 사고 과정도 없기 때문입니다.

인과적 사고에 대한 욕구는 거의 모든 인간의 내면에 내재하고 있지만, 철학적인 정신을 가진 사람들의 경우에 특별히 더 발달해 있습니다. 인과적 사고의 욕구를 충족시키는 것들은 진리라 불리고 있습니다. 비판적인 이성에 비춰보면, 진리의 개념과 관련있는 원인들에 대한 지식을 완벽하게 성취하는 것은 거의 불가능합니다. 그러나 우리가 지각하는 진리가 절대적인가 아니면 전적으로 상대적인가 하는 문제는 우리의 행복에 전혀 아무런 차이를 낳지 않습니다. 이유는 인과적으로 생각하려는 욕구의 충족은 우리의 인식의 진리값과 비례하는 것이 아니라 우리가 그 진리에 부여하는 믿음의 크기와 비례하기 때문입니다. 거의 틀림없이 우리의 지식은 대단히 상대적이지만, 그 지식이 절대적이라는 우리의 믿음이 우리를 진정으로 행복하게 만듭니다.

일부 상황에서 어떤 사람을 행복하게 만들고 그 사람에게 어떤 외적 요소도 부여하지 못하는 만족감을 주는 것은 두 가지 선험적인 요건, 즉 정언명령과 인과성 범주를 충족시키는 일입니다. 인간의 삶에서 모든 외적 요소들의 본질이 허약하고 과도적이라는 사실이 너무나 분명하게 드러나기 때문에, 그 점에 대해 별도로 논할 필요는 없을 듯합니다. 인간은 친구들과 친척들을 먼저 떠나보내고도 살 수 있고, 너무 나 사랑하는 것을 묻을 수도 있으며, 낯선 시대에 이방인으로서 외로운 존재를 영위할 수도 있습니다. 그러나 인간은 자기 자신과 자신의 삶의 내적 요소들을 먼저 떠나보낼 수는 없으며, 그런 것들을 묻지도 못합니다. 이유는 그런 것들이 바로 그 사람의 자기이고, 따라서 양도할 수 없는 것이기 때문이지요.

이 대목에서, 누군가가 외적 요소들의 불안정성에도 불구하고 그런 요소들이 적어도 존재하는 동안에는 실질적 행복의 원천이 되어 준다는 식으로 반대의 뜻을 밝힐 수도 있을 것입니다. 그렇지만 그런 종류의 행복이 많은 사람들에게 경멸스러워 보인다는 사실과 별도로, 쾌락이나 쾌락의 결여와 관련해서 외적 관계들은 다소 중립적이고, 모든 것이 그 사람의 주관적인 성향에 좌우된다는 점이 강조되어야 합니다. 어떤 사람이 치통으로 고통스러워하고 있다면, 더없이 훌륭한 풍경도, 더없이 성스러운 음악도 한 줄기 연기에 불과합니다. 모든 외적 쾌락에 어울리는 내면의 경향이 있지요. 그 경향은 건강이나 마음의 평화일 것입니다.

지금까지 한 말을 근거로 볼 때, 행복에 두 가지 종류가 있는 것이 분명합니다. 한 행복은 진정하고 지속적이며, 다른 한 행복은 단순히 표면에만 나타나고 매우 불안정합니다. 물론, 이 진리의 깊은 의미를 진정으로 이해할 수 있는 사람은 이미 자신의 행복을 최대한으로 느끼면서 행복이 내놓을 수 있는 모든 것을 끌어낸 사람들뿐입니다. 이 진리는 결코 만족을 모르는 사람들, 말하자면 자신이 갈망하는 행복을 획득하기 위해 이미 전력을 다하고 있는 사람들에게는 익숙합니다. 만족한 사람들은 이런 문제들에 대해 판단을 내리지 못합니다. 모든 것을 두루 고려할 때, 행복을 얻으려는 노력이 모든 인간 행위에 동기를 부여하는 요소로 작용한다고 할 수 있습니다. 그러나 사람은 홀로 살고 있지 않으며, 어떤 사람이 홀로여야 하는 상황은 좋지 않습니다. 그의 동료 인간들은 다른 모든 사람들에게 행복을 간청하듯이 그에게도 행복을 간청합니다. 인간들이 국가를 발명한 것은 바로 이 욕망을 충족시키기 위해서입니다. 국가는 개인의 성공을 흡수한 다음에 모든 구성원들에게 그것을 희석시킨 형태로 재분배하는 메커니즘이나 다름없지요. 그러나 국가는 모든 시민들의 전체로서 오직 물질적 성공만을 이용할 수 있으며, 따라서 틀림없이 물질적 성공을 추구하는 노력에만 가치를 부여합니다. 따라서 개인의 행복은 객관성도 지녀야 합니다. 말하자면, 개인의 행복이 객관적으로 지각 가능한 원천에서 나와야 한다는 뜻입니다. 만약에 순수하게 이상적인 행복처럼 지각 가능한 그런 원천이 존재할 수 없다면, 이상적인 목적을 추구하는 것은 가치 없는 일이라는 결론이 나옵니다. 바로 여기서 우리는 새로운 질문에 직면합니다. 철학과 순수과학은 정말로 초월적인 의미에서 어떤 지적 사치를 나타내는가? 또 인과적으로 사고하려는 욕구를 충족시킨다는 이상적인 목표에 형이상학적 실체를 부여할 수 있는가?

급진적인 주관주의자들, 즉 이 세상을 착각으로 여기고 다양성을 무(無)의 화려한 쇼로 여기는 사람들은 목적의 객관성을 완전히 부정합니다. 다시 말하면, 급진적인 주관주의자들은 인간 밖의 목적에 대해선 어떤 것이든 그 존재를 인정하지 않고 있습니다. 대신에 그들은 우리가 우리의 머리로부터 세상 속으로, 자연의 합목적성이라는 생각을 투사했다고 주장합니다. 칸트의 아류들은 적어도 이 점에서는 물질주의자들과 공통점을 많이 보입니다. 분명히 이 관점은 극도로 메마르고 비생산적입니다. 이 관점은 귀납적이고 과학적인 방법에 근거를 둔 이론적인 조사의 죽음을 의미합니다. 그것은 가슴과 감수성을 가진 건강한 모든 사람들에게 절망을 의미합니다.

모든 철학은 경험적인 토대를 가져야 합니다. 유일하게 진정한 철학의 토대는 우리가 우리 자신에 대해 경험하는 것들이고, 우리 자신을 통해서 주변 세상을 경험하는 것들입니다. 우리의 경험을 하나의 추상 관념으로 전환시키는 선험적인 모든 구조는 반드시 우리를 그릇된 결론으로 이끌게 되어 있습니다. 지금쯤 우리는 그 같은 사실을 알아야 합니다. 피히테(Johann Gottlieb Fichte)와 셸링(Friedrich Wilhelm Joseph Schelling)과 헤겔 같은, 칸트 이후의 첫 번째 철학자들의 잘못을 충분히 관찰했으니 말입니다.

니체가 말하듯이, 우리의 철학은 무엇보다 먼저 우리와 가장 가까운 것들에 관한 철학이어야 합니다. 우리의 철학은 충족 이유의 원리에 따라 실제 경험을 바탕으로 미지의 것에 관한 추론을 끌어내는 것이 되어야 하지, 외부 세계를 바탕으로 내부 세계에 관한 추론을 끌어내거나 오직 내면의 세계만을 확인함으로써 외부 현실을 부정하는 것이 되어서는 안 됩니다. 시간과 공간, 인과성이라는 선험적인 범주를 제외하고는, 경험에 근거하지 않는 것은 아무것도 없습니다. 따라서 목적에 관한 판단은 선험적인 판단이 아닙니다. 선험적인 판단의 객관성이 입증되지 않기 때문이지요. 그러나 충족 이유의 원리에 따라, 우리 밖에 있는 목표들을 증명하는 것은 가능합니다. 에두아르트 폰 하르트만이 이런 노력을 폈던 최초의 인물입니다. 그는 정밀과학에서 끌어낸 어떤 방법, 즉 확률 계산을 이용해 그런 작업을 벌였지요.

어떤 행위든 그것이 목적이라는 객관적인 생각에 근거하고 있다면 합목적적인 것으로 여겨질 수 있습니다. 충족 이유의 원리에 따르면, 목적이라는 생각은 합목적적인 성격을 지니게 되어 있는 모든 행위에 앞서 존재해야 합니다. 모든 인간은 이 원리의 정확성을 주관적으로 경험했습니다. 만약에 다른 사람이 목적이 있는 어떤 행동을 수행하는 것이 관찰된다면, 우리는 우리가 관찰한 것과 우리 자신의 의도적인 행위를 비교함으로써 그 사람이 어떤 명확한 의도를 마음에 품고 있다고 추론할 수 있습니다. 실제 관찰에 대한 확증은 그 사람 본인의 증언을 통해 얻을 수 있습니다. 그 확증은 유추를 바탕으로 한 우리의 추론이 옳았다는 이야기를 우리에게 들려줍니다. 수없이 많은 정확한 추론들을 요약한다면, 우리는 어떤 목적의 객관성을 귀납적으로 뒷받침하는 증거에 도달할 수 있을 것입니다. 만약에 문제의 행위가 본능적인 것이 아니라면, 우리는 목적 있는 어떤 의도가 선행되지 않는 다른 합목적적인 행위들에 대해서는 아는 바가 전혀 없습니다. 본능적인 행위의 특징은 그 행위를 형성하는 단계들 하나하나가 반드시 합목적적이고 그 행위의 결과는 최대한 훌륭하다는 점입니다. 본능적인 행위를 설명하기 위해서, 거의 잊히다시피 한 뉴턴의 '자연 철학의 추론 원칙'(Regulae philosophandi)을 떠올리는 것이 유익합니다. 두 번째 원칙은 이렇게 되어 있습니다. "똑같은 자연적 결과들 앞에서 우리는 그 결과들의 원인을 가능한 한 똑같은 것으로 보아야 한다. 인간의 호흡과 짐승의 호흡이 그렇고, 유럽과 미국에서 돌들이 떨어지는 것이 그렇고, 가정의 부엌에서 피우는 불의 빛과 태양의 빛이 그렇고, 지구와 행성들의 빛의 반사도 그런 예이다."

뉴턴의 이 원칙에 따라서, 우리는 본능적인 행위를 설명하기 위해 새로운 원리를 창조하는 것을 삼가야 하며, 대신에 이미 존재하고 있는 경험을 바탕으로, 모든 본능적인 행위의 바탕에서 우리에게 알려지지도 않았고 또 직접적으로 증명될 수도 없는 목적 지향적인 어떤 의도가 작용하고 있다고 추론해야 합니다. 그러므로 우리는 이렇게 말할 수 있습니다. 하나의 본능적인 행위의 원인은 물질적이고 손에 만져질 수 있지만 그 행위의 진정한 동기는 우리에게 알려지지 않은 의도를 가진 어떤 생각이라고 말입니다.

본능은 하나의 동인(動因)입니다. 본능은 우리의 의지에 종속되지 않은 상태에서 우리의 행위에 영향을 미치고, 우리가 의식적으로 알지 못하고 오직 나중에만 알 수 있는 방향으로 행위를 변화시킵니다. 이 정의에 의하면, 인과성의 범주는 하나의 본능으로 불릴 수 있습니다. 헬름홀츠(Hermann von Helmholtz)는 광학의 생리적 이론에 관한 책에서 이렇게 말하고 있습니다. "따라서 충족 이유의 원리는 우리의 정신이 모든 지각들을 정신의 지배하에 놓으려는 충동에 지나지 않는다. 그러므로 그것은 자연의 법칙이 아니다." 이 주장을 증명하는 것은 어렵지 않습니다. 가장 원시적인 형태의 인과성은 무의식적 추론에서 발견됩니다. 만약에 우리의 말초 신경의 말단이 자극을 받고 그 자극이 감각의 형태로 우리의 의식으로 들어간다면, 거기에 어떤 외적 원인이라는 생각이 있을 것임에 틀림없습니다. 말하자면, 우리가 즉시 무의식적으로 그 자극과 어떤 외적 원인을 연결시킨다는 뜻입니다. 따라서 우리의 의지의 협력과 별도로, 그 인과성 본능은 조만간 의식적인 사고 과정이 될 수 있는 것을, 즉 외적 원인과의 연결을 예상했습니다. 그 연결은 의지와 꽤 별도로 무의식의 차원에서 일어나며, 그 결과는 마치 우리의 밖에서 왔다는 듯이 기성품처럼 우리에게 전해지지요.

사랑 같은 다른 본능들처럼, 인과적으로 생각하려는 본능적인 욕구는 약하거나 강한 형태로 표현됩니다. 어떤 상황에서, 인과적으로 생각하려는 원시적인 형태의 본능은 아주 막강해져 모든 지적 기능들을 지배하면서 그것들을 자신에게 맞게 변화시킬 수 있습니다. 성적 충동이 자주 인간을 괴물로 바꿔놓듯이, 기본적인 인과성의 범주도 어떤 욕구의 성격을, 그러니까 모든 것을 뒤엎어버릴 수도 있고 사람들이 목숨을 바쳐서라도 충족시키려 드는 그런 탐욕적인 갈망의 성격을 띨 수 있습니다. 그것은 우리가 격노하도록 만들고, 인간의 모든 선행과 법령을 경멸하도록 만들고, 다른 사람들이 흐느낄 때 미소 짓도록 만드는 끈질긴 갈망입니다. 그것은 충동적으로 모든 장벽들을 무너뜨리고, 심지어 삶의 의지까지 짓밟아버릴 수 있는, 진리를 향한 열광적인 욕망입니다.

엠페도클레스(Empedocles)[30]가 이해 불가능한 것을 이해하기 위해 에트나 산의 분화구 속으로 뛰어 들어간 것은 지어낸 이야기라면 아주 훌륭한 스토리입니다. 틀림없이, 호라티우스는 그에게서 다른 동기들을, 로마인의 성격과 꽤 일치하는 동기들을 찾고 있습니다.

> 불멸의 신으로 여겨지기를 갈망하면서
>
> 엠페도클레스는 냉혹하게
>
> 불덩이 에트나 속으로 뛰어들었네.

우리가 순수하게 비극적인 정신을 표현하고 있는 그런 인물들, 그러니까 삶과 죽음이 진리에 대한 지식에 달려 있는 파우스트 같은 존재들을 발견하는 것은 고대 그리스 로마 시대만이 아닙니다. 하인리히 폰 클라이스트(Heinrich von Kleist)[31]는 칸트의 인식론 비판을 읽고는 어느 친구에게 이런 편지를 썼지요. "우리가 이곳에서 축적하고 있는 진리는 사후에 그 존재를 중단한다네. 무덤까지 우리를 따라갈 우리만

30 B.C. 5세기에 활동한 그리스 철학자.

31 독일 극작가(1777-1811).

의 무엇인가를 얻으려는 노력은 모두 허사야. 만약 이 같은 생각의 핵심이 그대의 심장을 뚫는 데 실패하더라도, 그대는 더없이 신성하고 깊은 부분에 심하게 상처를 입었다고 느끼는 다른 사람들을 비웃지 않도록 하게. 나의 최고 목표는 실종되었으며, 나는 다른 목표를 전혀 갖고 있지 않다네."

건강하고 사색적인 모든 사람의 내면에서, 인과성의 원리를 충족시키려는 단순한 욕구는 어떤 형이상학적 욕망, 즉 종교로 발달합니다. 최초의 인간이 "왜?"라고 물으며 어떤 변화의 원인을 조사하려고 노력했을 때, 과학이 탄생했습니다. 그러나 과학만으로는 누구도 만족시키지 못합니다. 과학은 빌헬름 데 베트(Wilhelm De Wette)[32]가 "신앙과 열정으로 충만하고, 그 자체로 지혜라는 고고한 이름으로 불릴 만한" 철학이라고 부른 것으로 확장되어야 합니다. 형이상학적 욕망의 완전한 표현으로서, 모든 순수한 철학은 종교입니다. 종교는 자식들이 "신들을 빼앗겨 버린 자연의 냉혹한 혼란"과 혼돈에 놀라서, 또 존재의 끔찍한 수수께끼에 절망하여 달아날 때 사랑의 두 팔로 그들을 받아주는 어머니 같은 존

32 독일 프로테스탄티즘 신학자(1780-1849).

재이지요.

우리는 식물들과 동물들이 하는, 너무도 경이롭고 목적 지향적인 모든 행동을 가리키는 용어로 "본능적 행위"를 쓰고 있습니다. 동식물들의 이런 행위들은 과학자들의 경외심을 불러일으켰지요. 특히 19세기 초에 유명한 많은 사상가들은 본능에 지대한 관심을 보였습니다. 한 예로 셸링은 이렇게 말하고 있습니다. "동물적 본능의 표현들은 사려 깊은 사람들에게 알려진 인상 중에서 가장 두드러지며, 그런 표현들이야말로 순수한 철학의 진정한 시금석이다." 찰스 다윈은 실제로 진화 이론에 본능을 새로운 원리로 확립시켜야 한다는 의무감을 느꼈지요. 잘 알고 있듯이, 쇼펜하우어는 본능을 의지의 객관화의 한 단계로 설명하고 있습니다. 하르트만도 목적 있는 의도라는 절대적으로 근본적인 요소를 더하면서 본능의 중요성을 강조했습니다.

절대적인 합목적성은 모든 본능적인 행위의 특징입니다. 우리가 입증한 바와 같이, 인과성의 범주도 하나의 본능으로 여겨져야 합니다. 따라서 인과관계를 충족시키려는 본능 또한 절대적으로 합목적적입니다.

만약에 원인과 결과의 사슬을 따라 거꾸로 거슬러 올라간다면, 우리는 곧 우리의 이해력, 즉 손에 만져지는 원인들을 생각해낼 수 있는 능력이 기능을 멈추게 되는 한계에 도달할 것입니다. 물리학이 탁월한 예를 제시하고 있습니다. 돌 하나가 땅에 떨어집니다. 왜 그럴까요? 중력 때문입니다. 그렇다면 그 돌은 왜 중력에 반응하고 있습니까? 중력에 반응하는 것이 돌의 특성이기 때문이지요. 바로 이 지점에서, 상황을 파악하는 우리의 능력이 끝나게 됩니다. 우리는 그 자체로 불가해한 만유인력이라는 원리를 가정합니다. 말하자면 초월적인 어떤 가설을 제시하는 것이지요. 인과관계가 우리를 추가적인 설명이 불가능한 물자체(物自體) 같은 것으로 이끕니다. 말하자면, 초월적인 성격의 어떤 원인으로 이끌지요. 이런 의미에서 보면, 인과성의 범주는 초월적인 성격을 가진, 너무나 경이롭고 선험적인 원인들을 가리키는 것으로 해석되어야 합니다. 인과성의 범주는 눈에 보이지 않고 불가해한 어떤 세상을 가리키고 있고, 또 물질적인 본성이 계산 불가능하고 측량 불가능하고 이해 불가능한 것으로 계속 이어진다는 점을 암시하고 있습니다. 물론, 여기서 내가 그런 해석이 물자체라는 견해를 새로운 관점에서 보게 하고, 생기 넘치는 우주의 최고의 합목적성을 뜻밖에 보게 한다는 점을 덧붙이는 것은 불필요한 일일 것입니다.

이제 앞에서 제기한 문제로 돌아가도록 하겠습니다. 인과성을 충족시키려는 욕구가 원래 지닌 이상적인 목표는 형이상학적 실체를 갖습니까? 앞의 논의는 우리가 충족 이유의 원리를 갖고 목적의 존재를 증명했다는 점을 보여주고 있습니다. 만약 인과성의 원리의 선험적인 지위가 어떤 목적을 갖는다면, 그 원리는 또한 어떤 쓰임새도 갖고 있습니다. 그러나 그 쓰임새는 목적과 마찬가지로 초월적이지요. 인과성의 밑바닥에서 작용하고 있는 목적은 우리의 현재의 존재 그 너머를 가리키고 있으며, 그것은 무한한 성공을 수반하는 결과들의 무한한 어떤 사슬을 엮어내려는 우리의 소중한 희망을 정당화하고 있습니다. 어쨌든, 인과성은 목적을 갖고 있으며, 따라서 과학과 철학과 종교도 쓰임새를, 초월적인 쓰임새를 갖고 있습니다. 그러므로 인과적인 사고가 쓸모없다는 이유로 그런 사고에 대한 욕구를 충족시키는 것을 폄하하는 사람들은 모두 완전히 틀렸지요. 그런 사람들은 계속 헛소리를 지르도록 그냥 내버려 두십시오. 우리는 괴테의 생각에서 위안을 느낄 수 있습니다.

그들의 거친 말의 시끄러운 울림은

단지 우리가 우세하다는 것을 입증할 뿐이야!

우리가 목적을 인식하지 못한다는 사실, 또 이 목적이 여전히 전적으로 이상적이라는 사실은 조금도 중요하지 않습니다. 만약에 자신의 종(種)과 멀리 떨어진 상태에서 사육되던 어떤 새가 가을에 방랑 욕구에 사로잡힌다면, 그 새는 곧 겨울이 그 땅에 찾아올 것이고, 그러면 추위와 굶주림 속에서 죽게 될 것이라는 것을 알고 있는 것일까요? 그 새의 방랑 욕구는 그 목적이 의식적인 정신 모르게 숨겨져 있다고 해서 목적이 없는 것입니까? 그러나 인간으로서 우리는 지금이 가을이고 곧 겨울이 다가오고 있다는 것을 알아야 하고, 건전한 본능은 우리에게 겨울의 무서운 것들을 멀리하라고 경고합니다. 니체는 아주 훌륭한 어느 단락에서 이렇게 말하고 있습니다. "겨울날이 우리 머리 위에 와 있고, 우리는 높은 산에서 빈곤과 위험 속에 살고 있다. 모든 즐거움은 잠깐이며, 하얀 산 위의 우리를 비추는 햇빛의 모든 반짝임은 희미하다."

인과성의 법칙을 충족시키려는 욕구는 어딜 가나 충직한 양치기처럼 우리를 따라다니며, 우리는 그 법칙의 목소리를 결코 듣지 않을 수 없습니다. 우리가 문제에 직면할 때마다, 그 법칙이 우리의 길을 가로막고 나서지 않습니까? 우리에게 간청도 하고 또 격려도 하면서 말입니다. "그래, 맞아, 질문을 해. 계속 질문을 던지는 거야. 그러면 마지막에 당신의 목표에 닿을 수 있어!" 그 법칙이 우리에게 가던 길을 멈추고 회의에 사로잡혀 이렇게 말하라고 권하지 않습니까? "어제 나는 무엇이었으며, 오늘 나는 무엇이며, 내일 나는 무엇일까? 나는 어떤 목표를 이루려고 노력하고 있으며, 또 우주는 어떤 목표를 추구하고 있는가? 영겁의 세월 동안에 자신의 경로를 따라 회전하는 수많은 세계들을 가진, 별들이 총총한 하늘의 목표는 무엇인가? 왜 우리는 수호신의 작은 소동에 신경을 쓰지 않는가? 왜 우리는 향기로 우리의 모든 고통을 누그러뜨릴, 결코 시들지 않는 그 꽃 쪽으로 손을 뻗지 않는가? 우리는 자욱한 안개 속으로 이끄는 길로 나서기를 두려워하면서 거듭 자신을 덧없는 순간의 성공에 현혹되도록 내버려두고 있다."

니체는 "우리 주변의 세상은 귀신의 행위들로 가득하다."고 말하고 있습니다. "우리의 삶의 순간들은 우리에게 무엇인가를 들려주려고 애쓰고 있지만, 우리는 이 정령의 목소리에 귀를 기울이려 하지 않는다. 우리는 홀로 차분히 남는 경우에 우리 귀에 무슨 소리가 속삭여질까 두려워한다. 그래서 우리는 고요를 싫어하고 사교성을 통해서 자신의 감각을 마비시킨다."

우리는 이 세상을 지나치게 강하게 믿고 있습니다. 또 우리는 성공에서 비롯될 행복을 지나치게 강하게 믿고 있습니다. 가장 위대한 인간인 그리스도와 모든 시대의 현자들이 그와 정반대의 태도를 가져야 한다고 가르치고 있고 또 그 같은 사실을 몸소 보여주고 있음에도 불구하고, 우리는 그런 태도를 버리지 못하고 있습니다. 우리는 실러(Friedrich Schiller)의 말로 모든 형이상학적 욕망을 부정하고 있습니다. "당신은 거기서 무엇이 당신을 기다리고 있는지 아는가? 당신은 지금 얼마나 높은 대가를 지불하고 있는지 알고 있는가? 당신이 불확실한 선한 것과 확실한 선한 것을 바꾸고 있으니 말이다. 당신은 대단히 힘든 전쟁을 치를 힘을 충분히 갖추었다고 느끼고 있는가? 정신과 가슴, 즉 감정과 생각이 서로 일치하지 않을 때, 당신은 회의(懷疑)라는 불멸의 히드라[33]와 함께

33 그리스 신화에 나오는 뱀으로 머리가 아홉 개였다고 한다.

노래할 만큼 용기를 충분히 갖추고 있는가? 그리고 남자답게 당신 자신 안의 적을 직면할 용기도 갖추고 있는가?"

한편, 우리는 이렇게 말합니다. 용감하게 시도하지 않으면 어떤 이익도 얻지 못한다고 말입니다. 행복을 외부의 사물들에 기대고 있는 사람은 자신의 세상 전체가 하룻밤 사이에 무너져 내리는 것을 볼 수 있습니다. 우리의 밖에 있는 모든 것은 변할 수 있습니다. 우리와 다른 사람들 사이의 관계 속에 있는 모든 것은 사라질 수 있습니다. 왕실과 자신의 땅이 없는 왕은 무엇입니까? 병사들을 거느리지 않고 있는 장군은 무엇입니까? 높은 지위를 인정해줄 사람을 두고 있지 않은 고관대작은 무엇입니까? 모든 외적 성공과 외적 명성은 허물어질 수 있고 언젠가는 허물어지게 되어 있습니다. 그러나 누구도 우리로부터 우리의 내적 성취를 빼앗지 못합니다. 이유는 그런 성취가 우리 자신의 존재와 함께 서 있다가 우리가 쓰러질 때 사라지게 되기 때문이지요. 사람들은 소크라테스라는 이름을 가진 사람을 지하 감옥에 가두고 그의 눈을 멀게 하고 그의 혀를 자를 수 있지만, 그래도 그 사람은 여전히 소크라테스이며, 그의 정신의 부와 풍요는 그의 것이며 언제나 생생한 상태에서 그의 것으로 남을 것입니다. 그가 존재하는 한 말입니다.

인과성을 충족시키려는 본능적인 욕구는 선험적으로 초월적인 원인들과 관계있는 것으로서 종교를 구성하고 있습니다. 그 욕구는 인간을 동물적인 본성으로부터 자유롭게 만드는 무한히 섬세한 힘입니다. 그 힘은 나아가 인간을 과학과 철학의 차원으로 끌어 올리고, 그렇게 함으로써 인간을 무한의 세계로 옮겨 놓지요. 그럼에도 그 욕구는 본능적입니다. 이 같은 깨달음은 우리를 새로운 생각의 기차로, 새롭고 복잡한 어떤 문제로 이끌고 있습니다. 질문은 이것입니다. 인과성의 본능과 다른 본능들의 관계는 무엇이며, 인과성의 본능을 우선시하는 데 대한 정당성을 우리는 어디서 끌어낼 수 있는가?

지금까지 우리는 인과성의 법칙을 만족시키려는 욕구를 충족시키는 것을, 그 욕구가 가장 위대한 행복의 원천이라는 것을 근거로 정당화했습니다. 그러나 우리는 행복이 틀림없이 대단히 주관적인 상태라는 것을, 그래서 우리의 추론 방법이 '대인(對人) 논증'[34]에 지나지 않는다는 것을 증명했습

34 말 자체가 아니라 그 말을 하는 사람의 어떤 특성을 제시하며 그것을 근거로 그의 말을 비판하는 오류를 말한다.

니다. 이제 그것을 '문제의 핵심에 관한 논증'으로 대체해야 합니다.

이 새로운 도전은 우리를 멀리 철학적 세계관들의 무한한 전쟁터로 이끌고 있습니다.

> 여명과 여명 사이의 석양 속으로
> 인간들의 길은 죽은 자들의 들판으로 이어지는구나.
> 그들은 잠들러 가고 있구나.
> 권력자들의 관대함과 징벌에 질린 채

루카스 헬란드[35]는 그렇게 말하고 있습니다. 석양, 흐릿한 빛, 낮과 밤의 투쟁, 그런 것이 인간의 삶이라고 말입니다. 숙고하는 인간은 자신이 만들지 않은 무엇인가의 알 수 없는 활기에 당황하며 혼란을 느끼고 있습니다. 그 무엇인가는 숙고하는 인간을 위해 존재하지 않으며, 그것은 철학적인 문제를 놓고 헛되이 머리를 싸매며 그것에 어떤 의미를 부여하려고, 말하자면 "겉모습들의 비행(飛行) 속에서 정지점을 발견

35 신학자인 칼 알브레히트 베르누이(Carl Albrecht Bernoulli: 1868-1937)가 쓴 동명 소설 속의 등장인물이다.

하려고" 노력하는 인간의 존재에 무관심한 채, 무수히 많은 형태로 스스로를 추구하고 있습니다. 가끔 숙고하는 인간에게는 모든 것이 살기 위해 창조된 것처럼 보이고, 모든 원자가 운동을 통해 활력을 표현하려고 노력하고 있는 것처럼 보입니다.

그러나 보십시오! 은혜로운 봄 햇살이 강한 생명력과 성장을 안겨주었던 그 모든 꽃들이 하룻밤 사이에 매서운 서리에 희생되고 말며, 아침에 생명의 꽃은 떨어지고, 그 뿌리는 파괴됩니다. 그러면 숙고하는 인간은 생각합니다. 모든 것들이 짧은 시간 동안만 살다가 죽음의 영원한 밤 속으로 던져지도록 창조되었다고 말입니다. 그러나 보십시오! 모든 죽음으로부터 새로운 생명이 생겨납니다. 찬란한 생명이 지칠 줄 모르는 에너지로 거듭 폭발적으로 터져 나옵니다. 생명이란 것이 사실은 영원한 흐름이기 때문이지요. 만물은 흐르게 되어 있습니다. 새롭게 태어나고 죽는 것이 끊임없이 이어지고 있습니다. 의미나 목적 없이 영원히 변하고 있는 어떤 풍부함이 있습니다. 직전의 삶의 파도보다 더 부조리한 삶의 파도가 연속적으로 이어지고 있습니다. 생각이 깊은 사람을 당혹스럽게 만들면서, 자연의 광기어린 카니발이 벌어지고 있지요.

세상의 수수께끼에 대한 이런 대답은 전혀 만족감을 주지 못합니다. 인간이 원인과 결과 사이의 어떤 합목적적 관계를 이해하려는 욕구를 충족시키길 원하기 때문이지요. 인간은 왜, 무엇 때문에 그러는지 알기를 원합니다. 그것은 인간이 자신의 행동과 동료들의 행동이 어떤 목표를 갖기를 원하는 것과 똑같습니다. 인간은 그 엄청난 수수께끼의 어둠을 빛으로 밝히기 위해서 하늘로부터 번개를 훔치는 프로메테우스 같은 존재입니다. 인간은 자연에 어떤 의미가 있다는 것을, 또 세상이 어떤 미스터리를 숨기고 있으며 그것을 발견하는 것이 인간의 삶의 목적이라는 것을 알고 있습니다.

플라톤의 문제, 즉 영원한 이데아들이 잠자는 공주처럼 2,000년 동안 이어질 깊은 잠에 떨어진 이후로, 철학은 수많은 변형을 거치면서 그 쾨니히스베르크의 철학자의 도래를 위해 길을 닦았지요. 이 철학자는 대담한 몸짓을 하며 고대의 문제를 죽음과도 같은 깊은 잠에서 깨워 새로운 옷을 입혀 소개했습니다. 이에 세상은 놀라움을 감추지 못했지요. 칸트가 한 것은 물자체의 문제를 제기하는 것이었습니다.

물자체는 우리의 인식을 피하는 모든 것을, 그러니까 우리가 명백한 심상을 결코 떠올리지 못하는 모든 것을 포함하고 있습니다. 예를 들면, "리마타라"(Rimatara)라는 단어는 우리에게 물자체를 나타냅니다. 우리 중에서 리마타라가 무엇인지 알고 있는 사람이 전혀 없을 가능성이 아주 높습니다. 그러나 지도를 들여다보면 리마타라가 남태평양의 산호섬이라는 것이 확인됩니다. 그러면 당장 물자체가 명백한 어떤 이미지로 변합니다. 우리는 경험이 남태평양의 섬들의 특성이라고 알려주는 것들을 두루 갖추고 있는 그런 섬을 그립니다. 따라서 우리는 리마타라에 대해 다소 구체적으로 생각하게 됩니다. 말하자면 미지의 것을 알려진 것으로 바꿔놓지요. 그리하여 우리는 물자체의 초월적인 영역을 그 단어 하나만큼 줄이게 되었습니다. 과학은 알려지지 않았고 만져지지 않는 영역을 줄임으로써 우리의 정신적 우주를 확장하면서 전반적으로 그런 일을 하고 있습니다. 과학은 적극적으로 발견을 이루거나 현상을 설명함으로써 그 과제를 성취하고 있습니다. 만약에 지금까지도 어떤 현상의 원인에 관한 생생한 이미지를 갖고 있지 않다면, 우리는 소위 어떤 원리를 창조해냅니다. 말하자면, 지금 우리가 동원할 수 있는 수단으로 설명되지 않는 어떤 물자체의 존재를 가정한다는 뜻입니다. 따라서 옛날의 과학자들이 인과성에 관한 지식이 향상된 덕분에 더 이상 원리로 여겨질 수 없게 된 많은 원리들을 가정했던 것이 쉽게 이해됩니다. 예를 들어, 옛날에 습기 원리, 그러니까 더위와 추위, 습도 등에 관한 이야기가 아주 많았습니다. 오늘날 우리는 예전에 가정했던 이런 원리들의 원천을 알아냈습니다. 보다 고차원적인 원인과 결과의 사슬을 발견함으로써 그 원리들을 설명할 수 있게 된 것이지요. 그러나 어떤 원리의 원인들을 발견해내기만 하면, 그 원리는 더 이상 원리가 아닙니다. 이유는 원리란 것이 최초이자 종국적인 것이기 때문이지요.

현대 과학의 원리들은 계속 길어지고 있는 인과적 연결들에 관한 우리의 지식의 한계를 나타내고 있습니다. 우리가 추가적인 정보를, 말하자면 향상된 방법을 통해 보다 높은 원인과 결과의 사슬을 발견하는 것을 인정하지 않도록 막을 명분은 절대로 없습니다. 그러나 가까운 미래에 모든 것이 설명될 것이라고 이미 세상을 향해 의기양양하게 선언한 사람들은 다음과 같은 인식론의 기본적인 신조에 대해 깊이 생각해 보는 것이 현명할 듯합니다. 충족 이유의 원리에 따르면, 원인과 결과의 사슬은 무한합니다. 틀림없이, 우리는 어떤 수단을 통해서 우리의 감각들의 능력을 크게 강화함으로써 근본적인 원리들에 관한 지식을 얻는 데 큰 성취를 거둘 수 있을 것이라고 희망을 품을 수 있지만, 우리는 어떤 원인도 종국적인 원인이 아니며 여전히 어떤 원인의 결과를 나타낼 뿐이라는 것을 언제나 명심해야 합니다. 이런 관점에서 사물들을 보면서, 우리는 동심원(同心圓)들과 이심원(離心圓)들로서 서로 연결된 무수한 세계들이 존재한다는 것을 이해할 수 있습니다. 당연히 이 세계들은 철저히 주관적이며, 엄격히 말하면 이 세계들은 모든 (인식) 주체가 자신만의 세계를 갖게 하는 그런 성격을 갖고 있습니다.

그러나 우리의 경험은 같은 종에 속하는 개체들의 세계들이 감각 기관들의 동일성 때문에 다소 조화를 이루고 있다는 사실을 보여주고 있습니다. 아메바는 나름의 특별한 세계를 갖고 있고, 벌레도 나름의 특별한 세계를 갖고 있습니다. 포유류도 그렇고, 인간도 그렇습니다. 이 다양한 세계들 사이의 관계는 거기에 개입하는 감각 기관들의 질(質)에 좌우됩니다. 앞에 예로 든 세계들을 보면, 아메바의 세계는 대략적으로 벌레의 세계에 포함되며, 이 두 개의 세계들은 포유류의 세계에 포함되고, 이 세 개의 세계들은 인간의 세계에 포함됩니다. 보다 분화된 감각 기관에 해당하는 세계는 보다 덜 분화된 감각 기관에 해당하는 다른 모든 세계들과 연결되어 있습니다. 물자체의 세계가 인간의 세계와 연결되어 있듯이 말입니다.

본래, 존재하는 모든 것은, 심지어 "낯익은 영역 안에 분포하고 있는 잘 알려진 큰 무리"조차도 그 자체로 동일한 세계 안에서 움직이고 있습니다. 모두가 미지의 어떤 종국적인 원인의 지배 아래에서 불가사의하게 존재하고 있지요. 그 절대적인 영역은 두 가지 명확한 영역, 그러니까 한쪽의 물자체와 다른 한쪽의 현상 세계로 구분되지 않습니다. 모두가 하나입니다. 분리는 오직 우리와의 관계에서만 존재합니다. 왜냐하면 우리의 감각 기관들이 그 절대적인 세계 중에서 특별한 부분만을 지각할 수 있기 때문이지요.

내가 여기서 제시하고 있는 내용이 물자체의 기원에 관한 관점으로 다소 기이하다는 것을 나는 잘 알고 있습니다. 그러나 나에게는 이 견해가 인식론의 문제를 유일하게 정확하게, 그리고 진정으로 보편적으로 해석한 것으로 보입니다. 절대적 주관주의의 관점과 반대로, 나는 X-레이도 발견되기 전까지는 순수 이성의 가정들의 대상, 말하자면 신이나 자유, 불멸 같은 것들만큼이나 물자체였다고 단정해야 합니다.

칸트가 실증 철학에서 방금 논한 그 기원에 필수적인 본체(本體: noumena)[36]의 우월성을 인정했음에도 불구하고, 칸트의 인식론 비판은 물자체의 문제를 해결하지 않은 상태로 남겨 두었습니다. 칸트 이후의 철학자들 중에서, 이 문제를 철학에 유익하게 만드는 지적 작업을 다시 가장 먼저 벌인 사람은 쇼펜하우어였습니다. 모두가 잘 아는 바와 같이, 쇼펜하우어는 물자체를 하나의 맹목적 의지로 해석했습니다. 쇼펜하우어의 지적 후계자인 에두아르트 폰 하르트만은 의지의 이 개념을 물려받았지만, 거기에 초월적인 관념이라는 요소를 더하면서 물자체를 본질적으로 무의식적인 의지와 상상력으로 해석했지요. 하르트만과 쇼펜하우어는 일원론자입니다. 말하자면, 그들은 세계를 단 하나의 물질로부터, 그러니까 불확실한 본성을 지닌 단 하나의 종국적 원인으로부터 일어나고 있는 것으로 해석하고 있습니다. 그러나 두 사람은 똑같이 인과관계를 추구하는 명쾌한 정신을 타고

36 칸트의 철학에서 현상과 대립되는 개념. 칸트의 철학에서 본체와 물자체가 종종 동일시되거나 연결되지만 칸트의 글 중에 둘 사이의 관계의 본질에 대해 명확히 설명한 대목은 없다.

났고 또 감각적인 사람이며, 따라서 인간의 가슴에서 일어나는 갈등에 예민한 눈과 모든 인간의 삶의 서곡에서 불협화음을 듣는 귀를 가진 염세주의자들입니다. 그들은 철학을 위해서 인간 고통의 심오한 의미를 이해했으며, 더없이 거친 야만성과 동물성으로 되돌아가는 낙관주의자들처럼, 그들은 모든 생명체들이 겪는 엄청난 고통을 오만하게 외면하지 않았습니다. 진정한 철학자라면 그래야 하듯이, 그들은 자신들의 사고에서 고통을 가장 중요한 위치에 놓았습니다.

고통은 쇼펜하우어가 자신의 근본적인 개념인 의지의 맹목성에서 끌어내는 첫 번째 요소입니다. 하르트만은 고통을 모든 경험의 바탕으로 여기고 있습니다. 칸트 이전에도, 철학에서 이원론은 터부였으며, 따라서 하르트만과 쇼펜하우어도 일원론자이지요. 그러나 그들의 가슴, 말하자면 그들의 인간적인 감정들이 반란을 일으켰으며, 그래서 그들은 고통에 물자체로서 어떤 초월적인 토대를 부여하지 않을 수 없었지요. 따라서 쇼펜하우어의 의지는 맹목적입니다. 왜냐하면 그것이 고통이 가득한 세계를 창조했기 때문이지요. 그리고 하르트만의 무의식은 그 자체가 의식적이지 않음에도 불구하고 언제나 불행했으며 지금도 불행합니다. 왜냐하면 그것이 가능한 최선의 삶을, 그러니까 영원한 비참과 비교해서 상대적으로 행복한 어떤 삶을 의도적으로 고안했기 때문입니다. 한편, 만약에 우리가 이원론을 하나의 토대로 삼는다면, 그리하여 우리의 통합 노력을 충족시키지 못한다면, 우리는 즉시 세상의 고통을 설명할 충분한 근거를 갖게 됩니다. 만약 우리가 경험주의를 모든 이론적인 조사에서 유일하게 가능한 토대로 선언한다면, 이원론적인 세계관이 과녁에서 그렇게 멀리 벗어난 것처럼 보이지 않을 것입니다.

최근의 과학 연구가 이원론이라는 주제에 대단히 소중한 자료를 제공하고 있습니다. 그러나 현대로 옮겨가기 전에, 시간과 공간의 측면에서 서로 멀리 떨어져 있는 과거의 두 인물이 했던 말을 올바로 이해하며 감사의 뜻을 전한다는 차원에서 그 발언을 떠올려보는 것도 좋을 듯합니다.

예수 시라크(Jesus Sirach)[37]는 이렇게 말하고 있습니다.

> 상반되는 악과 선이 마주보고 있다.
>
> 죽음의 반대는 생명이니라.

37 일반적으로 벤 시라(Ben Sira)로 알려져 있으며, 전통적으로 '구약성경' 중 '집회서'의 저자로 여겨진다.

마찬가지로 독실한 사람의 맞은편에 죄인이 서 있다.

이것이 지극히 높으신 분의 모든 업적들을 보는 길이니라.

그것들은 반대되는 것들끼리 짝을 이루고 있다.

- '집회서' 33장 15-16절

야코프 뵈메(Jakob Boehme)[38]는 이렇게 말하고 있습니다.

"상반된 것이 없다면, 어떤 사물도 자체에게 분명할 수 없다. 이유는 사물 안에 그것에 저항하는 것이 아무것도 없으면, 그것이 영원히 외부로만 향하고 다시는 그 자체 안으로 들어가지 않기 때문이다. 그러나 만약에 그것이 다시 그 자체 안으로, 그러니까 그것이 처음 밖으로 나갔던 그곳으로 들어가지 않는다면, 그것은 자체의 최초의 조건에 대해 아무것도 알지 못하게 된다."

이 대목에서 우리는 다양성은 반대로부터, 그러니까 원소들 안에서 갈등과 사랑의 대립으로부터 생겨난다는 이론을

38 독일의 신비주의자(1575-1624).

제시한 엠페도클레스를 떠올려야 합니다.

자연에 대해 순수하게 사색적인 태도를 취한다면, 우리는 자연의 깊은 곳 어딘가에 말로 표현할 수 없을 만큼 둔중한 무엇인가가, 모든 독립적인 행동을 억누르고 모든 과업을 마비시키려 지속적으로 노력하는 무엇인가가 숨어 있다는 생각을 떨치기 어려울 것입니다. 이 "무엇인가"는 돌이 자체의 힘의 느낌에 들떠서 위로 올라가고 있을 때 공중의 왕국으로부터 다시 내려가도록 강요하는 그 둔하고 완고한 힘일 수 있습니다. 아니면 그것은 주변의 약한 나무들로부터 영양을 공급하는 모든 햇빛을 빼앗으려 드는 큰 나무의 시기어린 열정이거나, 성장하고 있는 생명을 파괴하려고 노력하면서 세대를 내려가며 생명을 끈질기게 훼손시키는 질병이거나, 모든 원동력에 저항하다가도 어떤 자극을 흡수하기만 하면 멍청이처럼 끈덕지게 거기에 집착하려 드는 물질의 무한한 어리석음일 수 있습니다.

자연에 대해 객관적으로 깊이 생각한다면, 이런 의문을 품지 않기가 어렵습니다. 자연에는 근본적으로 다른 두 가지 힘이 지배를 위해 격렬한 투쟁을 벌이고 있지 않습니까? 한 힘은 언제나 모든 것을 완전히 파괴하거나, 제거하거나, 균

등하게 하거나, 침묵하게 하거나, 모든 행위와 운동을 억압하거나, 모든 아름다움을 파괴하거나, 모든 것을 평온하고 고요하고 죽은 것처럼 만들려고 하지 않습니까? 그리고 다른 한 힘은 언제나 모든 것에 생명과 색깔을 주거나, 사방으로 운동을 전달하거나, 물질을 물질의 강력한 포옹으로부터 해방시키거나, 모양들과 형태들의 끝없는 풍요를 창조하려고 노력하지 않습니까?

자연 속에서 작용하고 있는 상반된 목표들이 너무나 강렬한 인상을 주기 때문에, 이 갈등은 심지어 과학에도 생존경쟁이라는 생물학적 원리로 받아들여졌지요.

이 대립의 원천들을 조사하길 원하는 경우에, 우리는 주로 일반 물리학의 자료에 의존합니다. 생리학을 포함하는 것으로 이해되는 일반 물리학은 모든 자연 현상들을 어떤 원리들로, 즉 당분간은 그 본질이 알려지지 않고 있는 주관적인 목적인(目的因)들로 환원시키는 일을 하고 있습니다. 따라서 우리는 이 과학 안에서 지금 논의하고 있는 대립을 충분히 설명할 수 있는 기본적인 힘들을 모두 발견할 것이라고 기대할 수 있습니다.

우선 논의를 무생물계로만 국한시키도록 하겠습니다. 모

든 무생물적인 현상들의 원리들은 중력, 응집력, 접착력, 모세관 현상, 흡수, 탄력성, 친화성, 관성, 자성, 전기, 열, 빛, 운동입니다. 오늘날 이 힘들은 여전히 원리의 지위를 갖고 있습니다. 이유는 예를 들어, 우리가 빛을 에테르 속의 파동을 바탕으로 설명한다는 사실이 에테르에 관한 생생한 심상을 얻을 수 있게 될 때까지 특별한 의미를 전혀 지니지 못하기 때문이지요.

이 원리들의 집단을 깊이 들여다본다면, 우리는 당장 그것들이 다소 정의가 잘 된 두 부류로 나뉜다는 인상을 받게 됩니다. 첫 번째 부류는 물질에 내재한 선험적인 원리들이고, 두 번째 부류는 오직 물질과의 접촉을 통해서만 나타나게 되는 원리들입니다. 첫 번째 집단에 속하는 것으로, 확실히 빛과 열, 전기와 운동이 있고, 조건부로 자기가 있습니다. 첫 번째 집단의 특징을 간단히 요약하면, 그것들은 절대적이고 기본적인 힘들로서 에너지 보존 법칙의 적용을 받지 않습니다. 그 힘들이 에너지의 변형을 나타내는 것이 아니라 오직 조건, 그러니까 장력과 장력의 완화가 가능해지고 명백해지는 이유이기 때문입니다. 따라서 이 힘들은 두 번째 집단과 부정적인 관계를 맺게 됩니다. 단지 친화성만이 중간적인 위치를 차지할 뿐입니다. 그 힘들이 공통적으로 갖고 있는 것은 인력의 요소인데, 이것은 특히 중력과 응집력, 접착력, 모세관 현상, 흡수 등에서 광범위하게 관찰되고 친화성과 관성에서 집중적으로 관찰됩니다. 모든 인력의 핵심은 물질의 모든 지점을 최대한 정지 상태에 놓고, 그런 다음에는 그 상태를 지속적인 상태로 유지하려고 노력한다는 점입니다. 따라서 이 집단의 특징은 수동성을 추구하려는 경향입니다.

이제 두 번째 집단의 특징을 보지요. 빛과 열, 전기, 전자기, 운동 등의 에너지 형태들은 에너지 보존 법칙을 통해서 효과를 발휘합니다. 이 집단의 힘들은 물질에 고유하지 않으며, 선험적이지 않습니다. 이유는 어떤 물체가 그 자체로 불활성이거나 중력의 특성을 갖는 것과 같은 방식으로, 뜨겁거나 빛나거나 전기를 띠지 않기 때문이지요. 이 집단에 속하는 힘들은 오직 첫 번째 집단의 힘들의 지원이 있어야만 작동할 수 있습니다. 예를 들어, 운동은 어떤 물체가 움직이지 않고 있을 때에만 일어납니다. 전위는 중력이 작용하는 곳에서만 운동 에너지로 바뀔 수 있으며, 전위는 친화성이 있는 곳에서만 화학적 방출로 바뀔 수 있을 뿐입니다. 두 번째 집단에 속하는 힘들이 첫 번째 집단의 힘들에게 작용하도록 하면, 관성이 운동 충동에 압도되는 현상이 발견될 것이고, 그렇게 하지 않으면, 운동 충동이 열의 형태로 원래의 원천으로 돌아가는 현상이 확인될 것입니다. 열은 응집력을 정복하고, 전기는 화학적 친화성을 정복합니다. 양쪽 집단에 속하는 힘들 중 일부는 눈에 두드러질 정도의 상호 의존 관계를 맺고 있습니다. 예를 들면, 열과 친화성이 있지요. 친화성은 거의 확실히 절대 영도, 즉 섭씨 −273도(화씨 −469도)에서 존재를 멈춥니다.

자성은 두 집단 사이의 중간적인 위치를 차지하며, 그 위치는 친화성의 중간적인 역할과 아주 비슷하게 설명될 수 있습니다. 말하자면, 전자기와 관성 사이에 존재할 수 있는 상호 의존의 관계로 설명된다는 뜻입니다. 탄력성에 대해 말하자면, 나는 지금까지 그것을 만족할 정도까지 끌어내는 데 성공하지 못했다는 점을 솔직히 인정해야 합니다. 탄력성은 아마 역(逆)관성으로 여겨져야 할 것입니다. 그것이 어떤 충동을 적극적으로 거부하는 것을 의미한다는 점에서 보면 그렇습니다. 반면에 관성은 소극적인 거부이지요.

이 집단의 공통적인 요소는 광범위하고 강도 높은 위치 변화를 추구하려는 어떤 노력으로, 달리 표현하면 끊임없는 활동을 추구하려는 노력으로 묘사될 수 있습니다. 여기서는 이 힘들에 관한 물리적 이론을 떠올리는 것이 유익할 것입니다. 빛과 열, 전기는 에테르파(波)로 설명될 수 있습니다. 에테르의 근본적인 특성 하나는 무한한 반발력, 즉 위치 변화의 무한한 가능성을 추구하려는 노력입니다. 에두아르트 폰 하르트만은 두 가지 유형의 에너지 요소들이 있다고 주장합니다. 그는 그 중 한 집단은 영원히 서로를 격퇴하는 반면에 다른 한 집단은 영원히 인력을 행사한다고 말하면서 똑같은 주장을 펴고 있습니다. 따라서 우리는 하르트만의 결말과 기본적으로 똑같은 결말에 이르렀습니다. 우리가 지각을 출발점으로 삼은 반면에, 하르트만은 이론을 바탕으로 그런 결말에 닿았다는 것만 다를 뿐입니다. 췰너도 물질의 특성에 관한 숙고에서 대립적인 경향들, 그러니까 인력과 척력이 동시에 존재한다는 점을 인정하고 있습니다. 바꿔 말하면, 그는 자연의 역동적인 특성들 깊은 곳에 자리 잡고 있는 이원론에 도달했지요.

칸트도 『보편적인 자연사와 천체 이론』(Allgemeine Naturgeschichte und Theorie des Himmels)에서 똑같은 노선을 걷고 있습니다. "나는 자연의 위대한 질서를 설명하는 일에 인력과 척력 외에 다른 힘을 전혀 빌리지 않았다. 이 두 가지 힘은 똑같이 확실하고, 똑같이 단순하며, 똑같이 근본적이고, 똑같이 보편적이다."

물리적인 원리들에 대해 지금까지 말한 내용을 간략히 요약하면 이렇습니다. 중력과 응집력, 접착력, 모세관 현상, 흡수, 관성, 친화성, 탄력성의 근본적인 요소는 절대적 정지 또는 중립을 성취하려는 적극적인 노력입니다.

운동과 빛, 열, 전기의 근본적인 요소는 무한한 변화, 영원한 활동을 적극적으로 추구하려는 노력입니다. 그 요소들의 끝없는 활동을 나타낸 것이 바로 에너지 보존 법칙이지요.

능동적인 힘들을 아직 부여받지 않은 어떤 세계를 그려 보십시오. 그런 세계는 반드시 공간의 어둠 속에, 고요하고 경직되어 죽어 있고 움직임도 전혀 없고 변화도 전혀 없는 그런 상태의 "추한 덩어리"로 내걸려 있을 것입니다. 그런 그림을 직면하게 되면, 누구나 모세의 말을 떠올리게 되지요. "그리고 땅은 형태가 없고 공허했으며, 암흑이 깊은 것의 위에 있었다."('창세기' 1장 2절) 땅이 만약에 작용의 힘들에 의해 새색시 같은 준비를 갖추지 않았다면 어떻게 생명을 잉태할 수 있었겠습니까?

"그리고 하느님이 말씀하시길, 빛이 있으라 했다."('창세기' 1장 3절) 어떤 창조의 행위가 암흑의 카오스를 밝혔을 때, 세상의 구원이 시작되었습니다. 생명체가 너무나 자비로운 빛의 따스함을 경험하기도 전에 말입니다. 열의 능동적인 힘이 처음에 물질의 단단한 응집에서 원소들을 방출해야 했으며, 액체를 고체로부터 분리시키고 기체를 액체로부터 분리시켜야 했습니다. 열은 물질을 말로 표현할 수 없는 어떤 압력으로부터 구해야 했으며, 그 일이 일어나자마자 물질이 움직이기 시작했지요. 액체가 나와서 행성들의 표면으로 흘렀습니다. 기체들이 비등하며 바위와 용해된 원소들로부터 빠져 나왔습니다. 선택적 친화력의 열정이 나타나기 시작했지요. 원소들이 서로를 사랑하고 미워하기 시작했습니다. 그 원소들의 대립으로부터 다양성이 생겨나게 되었지요.

여기서 우리는 가장 원초적이면서도 가장 놀라운 형태로 어떤 대립을 보고 있지 않습니까? 바로 여기에 이원론의 뿌리가 있습니다. 여기서 우리는 이원론의 원천에 서 있습니다. 여기 무생물계에 서로를 뒤엎길 원하는 반대의 힘들이 있습니다. 여기가 철학자들이 세상의 고통이라고 부르는 그 갈등이 시작하는 장소입니다. 살아 있는 것과 죽은 것, 능동적인 것과 수동적인 것 사이에 벌어지는 이런 근본적인 대립은 세상의 노래가 시작하는 강력한 단화음(短和音)입니다. 두 개의 상반된 원소들로부터 세 번째, 네 번째, 그리고 열 번째, 백 번째, 천 번째 원소가 생겨나도록 하는 것이 바로 이 적대 관계입니다.

하르트만은 "따라서 우리는 대립적인 이원론으로 찢어지는 것을 물질 세계를 일으키는 근본 원리로 본다."고 말하고 있습니다.

무익한 공상들의 희생자가 되기를 원하지 않는다면, 우리는 이 같은 근본적인 대립을 세상의 본질에 관한 모든 숙고의 진정하고 경험적인 토대로 여겨야 합니다. 분트는 물리학의 첫 두 가지 공리에서 아주 고전적인 형태로 이 이원론을 표현하고 있습니다. "첫째, 자연 속의 모든 원인들은 운동의 원인들이다. 둘째, 운동의 모든 원인은 움직여지는 것의 밖에 존재한다." 따라서 분트도 마찬가지로 세상에서 일어나는 모든 형성의 첫 번째 원리로 어떤 정적인 요인과 운동을 유발하는 요인을 인정해야 한다고 느끼고 있습니다. 분트에 따르면, 이 두 가지 요인은 선험적으로 존재합니다.

셸링도 모든 자연이 토대로 삼고 있는 이원론의 원리를 피할 수 없습니다. 그래서 그는 "만약에 절대적인 것이 그 자체에게 분명하게 드러나려면, 그것은 그 목적에 맞게 다른 무엇인가에, 그 자체와 다른 무엇인가에 의존하는 것처럼 보여야 한다."고 말하고 있습니다.

그리고 상당히 경멸당하고 있는 야코프 뵈메로부터는 어떤 말을 들을 수 있을까요? "그 어떤 사물도 반대 없이는 그 자체에게 분명할 수 없다."

지금까지 물리학의 원리들에서 이원론의 뿌리를 증명해 보였습니다. 이제는 생물계의 영역에서 이원론을 증명하는 일이 남았습니다. 우리는 육체를 가진 생명체 안에서도 무생물의 물질에서 보았던 것과 똑같은 이원론을 만날 것이라고 선험적으로 자신 있게 말할 수 있습니다. 이것은 이해가 쉽습니다. 육체를 가진 생명체는 무생물계의 물질적인 힘들과 상호작용하고 있는 X의 산물이기 때문이지요. 물질계의 근본적인 분열이 육체를 가진 생명체 안에서 인간의 고통이라는 이상한 현상이 일어나게 하는 전제 조건이라는 것을 우리는 발견할 것입니다. 생명은 틀림없이 가장 고차원적인 활동입니다. 생명체는 자연의 온갖 법칙들의 과격한 공격 앞에서도 자신의 열정적인 충동들을 지켜냅니다. 생명체는 오랫

동안 모든 저항을 극복하고, 물질의 법칙들이 제기하는 모든 장애들을, 말하자면 중력과 관성, 친밀성 등을 극복합니다. 하르트만은 이렇게 말하고 있습니다. "어느 식물의 전체 삶은 동물의 삶처럼 무한히 많은 자연적 치유 행위들의 총합이다. 왜냐하면 매 순간 파괴적인 물리적, 화학적 영향력들의 공격이 마비되고 극복되어야 하기 때문이다."

살아 있는 생명체는 한마디로 말해 하나의 기적입니다. 생명체가 절대적 확실성에 가까운 물리학의 모든 법칙들보다 더 높은 곳으로 자신을 끌어올리기 때문이지요. 분명히 생명체는 또한 물리적인 법칙들을 충족시키고 있습니다. 어쨌든 그것이 물질로 이뤄져 있으니까요. 그러나 이 같은 사실은 어떤 생명 원리의 존재를 부정할 이유가 절대로 될 수 없습니다. 생명을 단지 하나의 복잡한 육체적인 구조로만 보는 것은 중대한 혼동의 한 징후입니다. 생명체는 환경과 결코 끝이 없는 투쟁을 벌이며, 이것이 생명체의 현상들의 종국적인 이원론입니다. 다윈은 이 이원론의 본질을 인식했으며, 거기에 생물학적 원리의 존엄을 부여했지요. 다윈은 분화 현상을 대부분 이원론의 작용으로 환원시켰습니다. 자의식이 있는 모든 존재에서, 이원론은 이원적인 형태로 나타납니다. 모든 의식적인 존재는 자신에 대한 외적 이미지와 내적 이미지를 갖고 있습니다. 생화학에 관한 텍스트에서, 룽게(Friedlieb Ferdinand Runge)[39]는 쇼펜하우어의 이 사상을 다소 세밀하게 파고들고 있습니다. 우리가 이원론을 그린 그림은 지각의 이원적인 본성에 따라 이원적일 것입니다. 우리는 먼저 생존을 위한 외적 투쟁의 이미지를 갖고, 그 다음에 이 투쟁이 어떤 정신적 분열의 형태로 내적으로 반영되는 것을 경험하게 됩니다.

> 아아, 나의 가슴에는 두 개의 영혼이 살고 있어
>
> 각 영혼은 서로로부터 떨어지기를 갈망하고 있어.
>
> 한 영혼은 사랑의 거친 쾌락에 빠져
>
> 온 힘을 다해 땅에 집착하고 있어.
>
> 다른 한 영혼은 비천한 것들로부터 유별나게 스스로를 높이고 있어.
>
> 고귀한 조상들의 영역으로 들어가기 위해서.[40]

39 독일의 화학자(1795-1867)이며, 카페인과 아트로핀을 발견한 것으로 유명하다.

40 괴테의 '파우스트' 중에서.

인간의 내적 이원론은 무생물계의 이원론의 직접적인 연장입니다. 생명은 우리가 아는 가장 높은 활동이며, 따라서 그보다 덜 활동적인 모든 것은 생명의 길을 가로막으려 시도할 것입니다. 전체 외부 환경은 생명체의 자유로운 작동을 방해할 정도로 장애로 작용할 수 있습니다. 환경과의 관계는 모두 장애에 해당합니다. 우리의 환경이 물질적이고, 최대한의 정지를 성취하려고 애쓰고 있다는 점에서 보면 그렇습니다. 내적 세계와의 모든 관계는 최대한의 활동을 지향하는 한 그 사람의 삶을 지지하게 되지요. 모든 활동이 보다 자유롭게 펼쳐지고, 그 활동이 방해가 되는 수동성으로부터 멀리 떨어지게 된다는 점에서 보면 그렇습니다. 인과성 본능은 선험적으로 우리를 온갖 외면성으로부터 초월적인 원인들의 내성(內省) 쪽으로 이끕니다. 따라서 그 본능은 우리가 우리의 고유하고 근본적인 본성과 관련해서 수동성을 멀리하고 능동성을 가까이하도록 만들지요. 그런데 우리의 본성은 물질적인 실체의 둔함과 타성과는 공통점을 아무것도 갖고 있지 않으며 또 갖고 있어서도 안 됩니다.

우리가 다른 모든 본능들보다 인과성 본능에 우선권을 부여하는 것에 대한 정당화를 끌어내는 곳은 바로 자연의 깊은 속에 자리 잡고 있는 그 이원성입니다. 인과성 본능을 가장 중요하게 여기는 이유는 이 본능만이 우리의 본성의 진정한 뿌리인 무조건적인 활동을 가리키고 있기 때문입니다. 자연을 놓고 깊이 생각해 보면, 인과성 본능을 무조건적으로 확신하게 만들 자료가 풍성하게 확인됩니다. 여기서 우리는 또한 인과성 욕구를 충족시킴으로써 획득할 수 있는 가장 위대한 행복의 원천이 주관적인 것처럼 비치는 객관적인 이유를 보고 있습니다. 어떤 사람도 자신과 같은 부류의 타인들을 발견할 때까지 좋은 기분과 행복을 느끼지 못합니다. 우리가 자신의 존재의 뿌리에 더 가까이 다가설수록, 우리의 행복은 더욱 순수해지고 더욱 영속적이게 됩니다.

인과성 범주의 목적론적인 요소를 증명하고 이론적인 조사가 윤리적으로 정당하다는 점을 보여주었으니, 이제는 인과성 본능을 확언하는 데 따를 결과들을 간략히 묘사하는 일이 남았습니다.

첫 번째 결과들 중 하나가 인간 관심사들의 세속화를 거부하는 것이 될 것입니다. 말하자면, 우리의 인간적 본성의 결정과 관련해서 우리와 물질적인 것들의 관계가 합목적적이지 않다는 것을 인식하게 되는 결과, 모든 관심의 초점이 물질적인 것에서부터 초월적인 세계로 이동하게 될 것이라는 뜻입니다. 우리는 물질적인 존재를 추구하려는 의지를 우리의 본성에 고유한 활동의 발달에 부적절한 것으로 여겨 거부할 것입니다. 한편, 우리는 어떤 개인과 그 외의 모든 것들 사이의 가장 근본적인 상이점이라는 의미에서, 인격을 추구하려는 의지를, 그리고 개성을 추구하려는 의지를 긍정할 것입니다. 이유는 가장 근본적인 다양화가 우리의 본성에 고유한 활동과 일치하고, 따라서 다양성을 추구하려는 의지가 합목적적이기 때문이지요. 의지를 가장 확실히, 가장 완전하게 부정하는 것으로서 자살을 정당화하는 것은 절대로 옳지 않습니다. 왜냐하면 상반된 것의 존재 없이는 어떤 다양성도 발달할 수 없는 까닭에 이원성에서 비롯되는 고통은 분화된 인격의 발달에 절대적으로 필요하기 때문입니다. 쇼펜하우어도 복잡한 궤변을 통해 그런 식의 정당화의 오류를 지적하려 시도했지요.

이원론적인 세계관의 기본적인 방향, 즉 내재적 염세주의는 우리의 행동과 동료 인간들의 행동이 인간의 형이상학적 목표와 관련해서 대부분 합목적적이지 않다는 것을, 그리고 현상 세계의 현재 상태에 대해 말하자면 쇼펜하우어가 말하듯이 삶은 고통에 지나지 않는다는 것을, 슬프지만 진정으로 인식한 데에 따른 것입니다.

모든 진정한 철학, 모든 진정한 종교는 세상을 보는 유일하게 정확한 관점으로 염세주의라는 세속적인 옷을 걸치고 있습니다. 자신의 무(無)를 자각하고 있는 인간에게 적합한 관점이지요. 훌륭한 평판을 누리고 있는 일부 인간들이 으레 자신은 낙천주의자라고 크게 주장하면서 모든 염세주의를 건강하지 않다는 식으로 폄하하는 것은 낙천주의의 진정한 본질에 대해 제대로 생각하지 않고 또 쇼펜하우어의 책들을 깊이 파고들지 않은 결과입니다. 그들은 심지어 분수를 모르고 바이런(Byron) 경의 염세주의가 기형인 그의 발 때문이라거나, 쇼펜하우어의 염세주의가 그가 베네치아에서 걸린 매독 때문이라고 말하기까지 합니다. 쇼펜하우어의 글에서 다음과 같은 내용의 단락을 발견했을 텐데도 말입니다. "만약에 어떤 사람이 민간 병원과 군사 병원, 수술실, 감옥, 고문실, 노예 막사, 전쟁터, 처형장을 경험하고도 변함없이 확고한 낙천주의자로 남을 수 있다면, 그 사람에게 비참이 호기심의 냉혹한 눈길을 피해 뒷걸음질 치고 있는 우울한 거주지들을 보여주고, 마지막으로 우골리노(Ugolino della

Gherardesca)[41]가 굶어죽은 현장을 보여주도록 하라. 그러면 틀림없이 그 사람도 상상 가능한 세계들 중에서 최고의 세계만을 보고 있는 낙천주의의 본질을 인식하게 될 것이다."

쇼펜하우어는 다른 곳에서 이렇게 쓰고 있습니다. "머리에 든 것이라곤 말밖에 없는 사람들이 아무 생각 없이 쓰는 표현이 아니라면, 나에게 낙천주의는 터무니없어 보일 뿐만 아니라 불경스럽기 짝이 없는 사고방식이며 표현할 수 없는 인간의 고통에 대한 경멸처럼 보인다."

그리하여 쇼펜하우어는 낙천주의자들을 말끔히 처분합니다. 낙천주의자의 삶의 기쁨은 언제나 상당한 정도의 어리석음과 떼어놓을 수 없는 것으로 여겨져 왔습니다. 아리스토텔레스의 다음 글에도 그런 인식이 보입니다. "… 철학이나 정치나 시나 예술에 탁월한 모든 사람은 분명히 우울한 기질을 갖고 있다."

오늘날 우리가 겸손한 마음으로 돌아가서 이성 같은 것이 존재하고 또 우리 중 일부가 너무나 자랑스럽게 받아들이는,

41 이탈리아 귀족이자 정치인(1220?-1289). 교황과 신성 로마 제국 황제를 지지하는 세력 사이에 갈등이 벌어지고 있을 때 반대파와 내통한 혐의로 아들들과 손자들과 함께 요새에 갇혔다가 굶어 죽은 것으로 전해진다.

기독교라 불리는 종교가 있다는 것을, 그리고 이 두 가지 모두가 우리에게 염세주의 쪽을 가리키고 있다는 것을 떠올리는 것이 대단히 중요한 것 같습니다. 최근에 사람들은 이 같은 사실을 망각한 것처럼 보이며, 모든 초월적인 세계관은 염세적이라는 것을 떠올리기를 더 이상 원하지 않는 것 같습니다. 그들은 형이상학을 추방해 버렸으며, 그들은 멍청하게도 형이상학이 없는 윤리학에 대해 멋진 말을 많이 하고 있습니다. 당연히 그런 윤리학은 우둔하기 짝이 없는 낙천주의를 낳게 되어 있지요. 심지어 낙천주의자인 기독교 신학자도 있습니다. 그들은 "전체 우주가 악에 뿌리를 박고 있다"는 것도 모르고 있을 것입니다.

지금까지 밟아 온, 이론적인 조사의 본질과 가치에 관한 추론의 긴 사슬을 되돌아보면, 짧은 강연 시간에 감당할 수 있는 것을 거의 모두 다뤘다는 사실이 확인될 것입니다.

결론적으로, 나는 내가 말한 내용 중에서 적어도 약간은 여러분에게 찰싹 달라붙기를, 그리고 선험적인 인과성이라는 특별히 흥미로운 문제를 소개하려고 노력한 것이 헛되지 않기를 바라고 있다는 뜻을 밝히고 싶습니다.

마지막으로, 니체가 남긴 멋진 말을 인용하고 싶습니다.

"그대에게 말하건대, 사람은 춤추는 별을 낳기 위해서 자신 안에 카오스를 품어야 해."

이보다 더 훌륭해 보이는 단락을 하나 더 인용하겠습니다. "모든 것에서 그릇된 것을 탐지하고 자발적으로 불행과 동행하려고 노력하는 사람은 각성이라는 다른 기적이 자신을 위해 준비되어 있다는 사실을 발견할 것이다. 말로 나타낼 수 없는 무엇인가가 그 사람을 향해 다가오고 있는데, 행복과 진리는 이 무엇인가의 우상들에 지나지 않는다. 지구는 그 중력을 잃고 있으며, 지구의 사건들과 힘들은 꿈으로 변하고 있고, 여름밤부터 어떤 변형이 그를 감싸고 있다. 이것을 보는 그는 자신이 이제 막 잠에서 깨어나기 시작하는 것처럼, 그리고 그를 둘러싸고 있는 세상에 남은 모든 것을 어떤 꿈의 사라지고 있는 구름들에 지나지 않는 것처럼 느끼고 있다. 조만간 이것들도 사라질 것이다. 그날이 왔으니까."

4장

알브레히트 리츨의 기독교 해석에 대하여

(1899년 1월)

1.

관대한 나의 청중을 위한 서문

의대생이 임상 훈련 동안에 신학적 이슈에 관한 강연을 하기 위해 자신의 일을 포기한다면, 누구나 그 같은 사실에 크게 놀랄 것입니다. 몇 가지 고려 사항이 내가 이 걸음을 떼지 않도록 할 수도 있었을 것입니다. 나는 칭송을 듣기는커녕 "자기 일이나 잘 해!"라는 분노의 소리와 함께 나 자신의 좁은 영역으로 다시 돌려보내질 위험을 감수해야 한다는 사실을 잘 알고 있습니다.

신학 문제들에 관한 나의 지식이 신뢰할 만한 판단을 내리기에는 너무나 흐릿하다는 사실을 나는 잘 알고 있습니다.

또 신학자들이 나의 추론과 판단 중 일부가 지나치게 성급하다는 식으로 나를 쉽게 비난할 것이라는 사실도 잘 알고 있습니다. 신학자들은 자신의 학문 분야의 사상과 개념들 틈에서 살고 있으며, 그들은 침입자의 불완전한 준비를 탐지하는 일에 있어서, 의료인이 물리학의 영역에서 어떤 사이비가 드러내는 불가피한 결점들을 찾아낼 때만큼이나 재빠를 것입니다. 만약 전문적인 신학자들이 내가 지금 불안을 얼마나 심하게 느끼고 있는지 알고 싶어 한다면, 그들에게 의대로 와서 그 분야에서 자신의 운을 한번 시험해 보라고 권하고 싶습니다.

그러나 나는 미지의 영역으로 걸음을 떼기로 결심했습니다. 나 자신이 무가치한 삶만큼이나 증오하고 두려워하는 오류 때문입니다. 내가 바라는 것은 나 자신과 타인들을 위해서 오류를 추방하고 명쾌한 것을 창조하는 일입니다. 그래서 나는 정의(正義)에도, 그러니까 누구에게도 부당한 짓을 하지 않고 어떤 판단이든 내리기 전에 반드시 먼저 귀를 기울이고 조사하고 싶은 욕망에도 움직입니다.

그러나 내가 나의 발밑의 견고한 기반을 포기하기로 결정한, 종국적이면서 대단히 중요한 이유는 바로 진리입니다.

시간이 시작된 이래로, 어디에도 주의를 빼앗기지 않고 골똘히 먼 곳을 바라보는 시선을 가진 아이의 반짝이는 눈 안에, 그리고 거칠게 갈망하는 뜨거운 불을 품고 있는 삶, 말하자면 일시적인 별들을 가득 품은 상태에서 회전하고 있는 천체 아래의 이 비참한 삶 속에, 또 어디에도 주의를 빼앗기지 않고 골똘히 먼 곳을 바라보고 있는, 죽어가는 사람의 눈 안에 자리 잡고 있는 그 진리 말입니다.

그 진리가 나에게 전성기에 이르기 전에 나의 쟁기를 버리라고, 내가 선택한 직업의 분야들에서 일하길 포기하라고 강요하고 있습니다. 진리는 또 우리 모두가 자신의 일에서 눈을 떼고 태양이 아득한 옛날부터 해 온 대로 하루를 마무리하며 떨어지고 있는 서쪽을 바라볼 것을 요구하고 있습니다.

무지한 한 사람의 아마추어로서, 나는 낯선 과학의 지성소로 들어가려 하다가 다소 거칠게 그곳에서 나가달라는 소리를 듣게 되지 않을까 싶어 망설여집니다. 그럼에도 한 사람의 인간으로서 나는 적들로부터도 환대를 기대합니다.

2.

알브레히트 리츨의 기독교 해석에 대하여

> 학식이 높은 어떤 남자의 영혼에 떨어진 정의의 불꽃 하나는 그 사람의 생명과 노력을 일깨우고, 순화시키고, 소진시키기에 충분하다. 그러면 그 사람은 더 이상 어떤 평화도 누리지 못하게 되고, 평범한 학자들이 일상의 일을 처리하는 그런 미지근하거나 차가운 정신의 틀을 영원히 포기하지 않을 수 없게 된다.
>
> \- 니체

세기(世紀)들의 긴 행렬을 한눈에 볼 수 있다면, 세속적인 권력들의 발달과 부침의 역사 전반에 걸쳐서 다른 질서에 속하는 것처럼 보이는 이상한 인물들이 밝은 점들처럼 눈에 두드러질 것입니다. 진기하고, 거의 세속을 초월한 존재 같은 그들은 역사적 조건과 겨우 이해될 정도로만 연결되며, 기본적으로 인간의 새로운 종을 대표합니다. 세상이 그들을 낳는 것이 아니라, 거꾸로 그들이 세상을, 새로운 천국과 새로운 현세를 창조합니다.

그들의 가치들은 다르며, 그들의 진리들은 새롭습니다. 그들은 자신들이 반드시 필요한 존재라는 것을, 우리가 그들을 기다려왔다는 것을, 그것도 오랫동안 기다렸다는 것을, 그리고 세계의 역사적 전개의 인과적 순서가 들판을 갈아 씨앗을 받도록 준비해 두거나 추수할 곡식을 여물게 해 놓은 것이 오직 그들을 위해서라는 것을 알고 있습니다. 그들은 마치 세상이 자신들의 것인 양 세상에 오며, 그들 자신을 그때까지 무수히 많은 위업들이 추구했던 어떤 목적의 화신으로 여기고 있습니다.

그들은 자신이 수많은 세기의 노동이 추구했던 목적이고 의미라는 것을, 그리고 지금 자신들이 이 목적의 실질적인 대표가 되었다는 것을 알고 있습니다. 그들은 자신들이 세상에 소개하는 사상과 자신을 동일시하고 있으며, 그들은 그 사상이 영원할 뿐만 아니라 인간의 해석이 훼손할 수 있는 범위 그 너머에 서 있을 것이라고 느끼면서 그것을 끝까지 추구합니다.

그들은 곧 자신의 사상이며, 자신의 시대의 정신들 사이에서 자유롭고 절대적이며, 역사적 분석의 대상도 되지 않습니다. 이유는 그들이 역사의 산물들을 그들의 존재의 조건으로 경험하지 않고 오히려 그들의 활동의 목표로, 그리고 그들과 세상을 연결하는 고리로 경험하기 때문이지요. 그들은 어떤 역사적 토대로부터 진화하지 않았지만, 그들은 자신이 모든 우발적인 것으로부터 자유로우며 오직 자신의 사상의 건축물을 역사의 토대 위에 세우기 위해 왔다는 것을 본성 깊은 곳에서부터 알고 있습니다.

그런 한 인간이 바로 나사렛의 예수였습니다. 그는 그것을 잘 알았으며 세상을 향해 그것을 선언하는 데 망설임이 없었습니다.

인간들이 위대한 정신들을 측정할 잣대를 가졌던 적은 지금까지 한 번도 없었습니다. 몇 세기 동안 인간들은 그리스도가 신이냐, 신인(神人)이냐, 인간이냐 하는 문제를 놓고 열띤 논쟁을 벌였습니다. 중세는 그리스도의 인격에 관한 '신약성경'의 모든 설명에 절대적인 신뢰를 부여했습니다. 중세는 그리스도를 측정할 잣대를 결여하고 있었지요. 하나의 신은 '은밀한 성질'이고, 신인은 더더욱 그러하며, 인간은 그리스도와 절대로 같은 기준으로 잴 수 없는 존재입니다. 따라서 그리스도는 신인이거나 신이었으며, 추가로 밝히는 것이 불가능한 어떤 성질이었습니다.

그러다 르네상스 이후에 현대적인 철학이 발달하는 동안에 상황이 근본적으로 바뀌었습니다. 오랜 세월을 내려오면서, 모든 철학의 근본적인 문제가 된 인식론이 점진적으로 전반적인 정신 작용에 반드시 필요한 어떤 개념을, 즉 정상적인 인간이라는 개념을 발달시켰던 것이지요. 분명히, 정상적인 인간은 공적인 법이 인정하는 어떤 양(量)은 아니고 암묵적인 인습의 산물, 그러니까 어디에나 존재하면서도 어디에도 존재하지 않는 그 무엇이지요. 모든 인식론적 결과들은 은연중에 그런 인간을 가리키고 있습니다. 파리의 어느 지하 저장실에 지금 모든 측량 도구들의 기준이 되는 표준 미터가 보관되고 있듯이, 과학적인 마인드를 가진 인간들의 머릿속의 탐지 불가능한 어떤 장소에 정상적인 인간의 기준이 존재하고 있습니다. 이 기준이 모든 과학적, 철학적 결과를 측정하는 데 쓰이고 있지요.

현대인은 '신약성경'의 설명을 더 이상 절대적으로 신뢰할 수 있는 것으로 인정하지 않으며, 오직 상대적으로만 신뢰할 수 있는 것으로 인정하고 있습니다. 비판적인 학자들은 이런 식으로 판단하면서, 그리스도의 위격을 건드리며 여기서 조금 자르고 저기서 조금 자르고 어떤 때는 은밀히 또 어떤 때는 공개적으로, 그리고 순진함을 드러내며 그를 정상적인 인간이라는 기준으로 측량하기 시작했습니다. 그리스도가 비판가들의 연구소의 교활하고 변덕스런 메커니즘을 거치며 변화한 후에, 반대편 끝에서 역사적인 예수라는 형상이 나타나고 있습니다. 손에 과학자의 증류기를 든 사람은, 정상적인 인간의 기준에 일치하도록 다듬어졌고 또 국제적 소비를 위해 특허까지 받은 이 육체에 더 이상 관심이 없으며, 그런 사람은 이 그리스도를 신으로, 신인으로, 혹은 인간으로 환영하기를 원하는지 여부를 결정하는 문제를 세상에 맡기고 있습니다.

인간 종 중에서 게르만 변종은 특별한 감수성과 감정의 깊이로 유명합니다. 이 말은 하나의 전체로서 게르만 민족에게 적절할 수 있지만, 살아생전에 성취를 인정받은 위대한 학자들은 예외입니다. 하나의 진리, 한 조각의 과학적 지식이 학식 높은 사람들의 내면에 특별한 감정을 거의 일으키지 못한다는 사실은 정말로 놀라운 일입니다. 신을 하나의 물자체로, 그러니까 "순전히 부정적이고 제한적인 개념"으로 보았던 칸트가 어떻게 여전히 종교를 가질 수 있었으며, 그 자신이 알 수 없는 하나의 물자체로서 어떻게 이 "부정적이고 제한적인 개념"의 쓸쓸한 사막에 존재할 수 있었습니까? 세상의 윤리적 목적을 성취하거나 즐길 수 있는 것이 아무것도 존재하지 않는 때에, 어떻게 분트가 그 목적에 열정을 쏟을 수 있습니까? 하르트만이 어떻게 윤리적인 행위를 하고자 하는 충동을 공허하고 감정을 느끼지 않는 무의식으로 돌릴 수 있습니까? 그리고 마지막으로, 알브레히트 리츨의 신이 인간에게 유익한 무엇인가를 하길 원할 때마다 공식적인 경로들을 통과해야 하는 때에, 리츨이 어떻게 헌신적인 기독교인일 수 있습니까?

이와 비슷한 결론에 도달하려면, 감수성이 터무니없을 만큼 부족해야 하고, 가슴이 찔리는 느낌을 절대로 받아서는 안 됩니다. 아마 내가 언급한 학자들은 과로로 힘들어 하거나, 자신들의 견해에 반드시 따를 감정의 높이와 깊이를 개인적으로 경험할 시간을 전혀 갖지 못하고 있을 것입니다. 아니면 두려움과 전율 때문에 자신의 견해를 끝까지 지키지 못했을 수 있습니다. 자신의 진리를 끝까지 지키는 데 실패하는 사람은 그 진리의 결과를 탐지하는 데도 실패할 것입니다. 그럼에도, 우리가 어떤 진리의 내적 모순을 자각하는 것은 그 진리의 결과를 알아야만 가능한 일입니다. 대체로, 그들의 사상에서 어떤 부조리나 변덕이나 논리적 결함을 탐지하는 데는 멀리까지 볼 필요조차 없습니다.

리츨의 기독교를 이해하기를 원한다면, 유명한 학자로 인정받는 인간들의 전형적인 특징인 감수성의 결여를 늘 잊지 않아야 합니다.

그리스도와 그의 가르침에 대한 현대적 해석 중에서 가장 중요하고 독창적인 것은 두말할 필요 없이 리츨의 해석입니다. 나는 리츨의 글을 연구하는 동안에 철학적 가치를 지닌 내용을 너무나 많이 접하면서 진정으로 경탄했다는 점을 고백해야 합니다. 만약에 신학자들을 그들의 말을 근거로 받아들인다면, 우리는 리출에게서 신학자들이 "그리스도의 인간적인 인격에 관한 단순한 설교"라고 부르는 것 외에는 어떤 것도 발견할 것이라고 기대할 수 없을 것입니다.

그러나 리츨의 이론들은 간단하거나 쉽게 접근할 수 있는 것이 절대로 아닙니다. 대신에 그 이론들은 극히 정교한 인식론을 형성하고 있지요. 그의 인식론은 순전히 칸트의 방식을 따르면서 전적으로 정상적인 인간을 기준으로 하고 있습니다. 빈틈없고 설득력 있는 추론, 계몽주의의 철학적 문제에 관한 깊은 지식, 그리고 루터주의라는 견고한 토대 위에 칸트의 인식론을 논리적으로 크게 발달시킨 것이 그의 인식론의 두드러진 특징입니다. 모든 것이 우리 신학자들이 애써 숨기려 들었던 것들이지요. 예를 들면, 최근에 프리드리히 테오도어 비셔(Friedrich Theodor Vischer)가 연구서에서 계몽주의의 지식에 대해 논했을 때, 기독교에 대해 역사적 관점을 갖고 있는 이론가들은 비난의 소리를 내기는커녕 오히려 그런 지식이 역사적 관점과 전적으로 양립할 수 있다는 듯이 박수를 보냈습니다.

나는 2년 이상 신학자들의 말을 주의 깊게 듣고 있습니다. 인간적인 인격이라는 그들의 신비한 개념을 이해할 단서를 얻을 것이라는 희망에서 말입니다. 그러나 그런 노력은 헛된 것으로 드러났습니다. 나는 인간적인 인격이 동기 부여의 힘을 어디서 얻는지를 발견하려 노력했으나, 그것 역시 소득이 없었습니다. 그리스도의 인간적인 인격을 묘사한 것은 분명히 우리에게 그리스도의 어떤 이미지를 명쾌하게 제시하기 위한 노력의 일환입니다. 어떤 도덕적인 성격의 형성은 그 이미지를 높이 치켜든 결과 이뤄져야 합니다. 그런 경우에 그리스도의 이미지는 우리가 지각하지 못하는 가운데 우리의 내면에 은밀한 일치의 효과를 낳거나, 아니면 보다 자연스럽게, 우리 안에 그리스도를 모방하고 싶은 충동을 일으키는 본보기의 역할을 하게 됩니다.

옛날 사람들은 수 세기 전에 이미 두 번째 방법을 이용하고 있었지요. 테세우스나 솔론이 아테네의 젊은이들에게 하나의 본보기로 치켜세워지던 때가 그런 예이지요. 부처의 이미지가 힌두인 소년에게 주입되거나, 신성한 탁발승이 소년들의 앞을 지나가지요. 『로빈슨 크루소』를 읽는 소년은 주인공에게 아주 강하게 사로잡힙니다. 그러면 소년의 행동은 그의 영웅의 행동에 결정적인 영향을 받지요. 이것은 흑인은 유럽인들의 중산모를 쓰고 장식 단추를 다는 것을 억제하지 못한다고 선언하는 자연의 법칙과 일치합니다.

만약에 어떤 사람이 단순히 흉내내고자 하는 충동에 굴복하는 쪽을 택한다면, 그 사람은 그냥 재미 삼아 헤겔의 인격에 사로잡혀 머리를 숙인 채 깊은 생각에 빠져 돌아다니다가 마침내 절대적이고 선험적인 어떤 존재, 그러니까 저절로 생겨나 본래부터 있었던 존재에 관한 이론들로 세상에 마법을 걸 수 있을 것입니다. 우리는 다른 인격에서도 시간과 해석의 측면에서 우리와 너무나 멀리 떨어져 있는 그리스도의 인격에서만큼 강한 동기 부여의 힘을 발견할 수 있습니다. 특히 우리가 잘 알고 있는 현대의 인격들에서는 그리스도에게서 느끼는 것보다 훨씬 더 강한 동기 부여의 힘을 발견할 수 있지요.

그렇다면 그리스도가 그렇게 특별해야 하는 이유가 무엇입니까? 그리스도가 곧 동기 부여의 힘이 되어야 한다고 하니 말입니다. 다른 본보기, 이를테면 바오로나 부처나 공자나 조로아스터는 그런 힘이 되지 못하는 이유는 무엇입니까? 도덕적 가치들의 강력한 성격은 형이상학에서만 나옵니다. 왜냐하면, 하르트만이 말하듯이, 형이상학과 결별한 윤리는 서 있을 토대를 전혀 갖고 있지 않기 때문이지요.

만약에 우리가 그리스도를 한 사람의 인간으로 본다면, 어떤 식으로든 그를 우리의 행동의 강력한 본보기로 여기는 것은 절대로 말이 되지 않습니다. 이런 상황에서, 세상을 향해 기독교 도덕의 필연성을 설득시키려고 노력하는 것은 절망적인 과제일 것입니다. 그러나 만약에, 리츨이 하고 있는 것처럼, 우리가 그리스도의 신성이라는 교리를 전제한다면, 그 문제는 더 이상 기독교 윤리가 우선적으로 타당한 이유를 묻는 문제가 아니며, 윤리적인 행동의 결정 유형이라는 보다 제한적인 문제로 축소됩니다.

여기서 나는 앞으로 더 나아가면서, 그리스도의 인격이 지닌, 감탄하지 않을 수 없는 성격이 기독교인의 도덕적 행위에 귀감이 되고 있다는 리츨의 이론을 묘사할 생각입니다.

실존하는 모든 것, 즉 모든 인식 대상은 어떤 감각을 불러일으킵니다. 그런 감각들을 저장하는 것이 기억의 기능입니다. 기억은 언제든 우리를 위해서 실제로 일어났던 어떤 사건의 이미지를 재생할 수 있습니다. 기억 속의 이미지는 뚜렷이 구분되는 두 개의 대상으로 이뤄져 있습니다. 첫 번째 대상은 원래의 사건의 이미지이고, 두 번째 대상은 원래의 사건에 의해 우리의 내면에서 일어난 감정의 이미지입니다. 따라서 기억의 첫 부분은 오직 순수한 사건의 이미지만을 포함하고 있지만, 두 번째 부분은 그 사건이 우리의 내면에 불러일으킨 감정의 종류가 무엇인지를, 말하자면 즐거움이었는지 혐오감이었는지를 말해줍니다. 기억 속 이미지의 이 두 번째 부분으로부터 우리가 그 사건에 부여하는 가치의 감정과 의견이 생겨나며, 그 사건 자체는 순수하기 때문에 중립적입니다. 따라서 기억 속의 이미지는 순수한 사건에 대한 우리의 의견으로 이뤄져 있습니다. 당연히 그 의견엔 가치의 감각이 결합되어 있지요.

'무엇이든 감각에 미리 존재하지 않고는 절대로 지성에 존재하지 못한다'는 권위 있는 견해에 따라, 우리는 자신이 경험하는 모든 감정의 원인을 외부 자극에서 찾는 데 익숙합니다. 따라서 우리가 어떤 감정과 외부의 물질적 사건을 연결시키며 그 감정과 어떤 순수한 감각을 동일시하는 일이 쉽게 일어날 수 있습니다. 대부분의 경우에 이 연결이 실제로 존재할 것이지만, 일부 경우에 그 연결이 존재하지 않을 수 있습니다. 아마 우리는 종교의 문제에서 그런 오류를 특히 쉽게 일으킬 수 있습니다. 나는 이 문제를 구체적인 예를 통해서 명쾌하게 밝힐 것입니다.

그리스도의 시대에, 어떤 순간들에 천사가 베데스다 연못의 물을 휘젓곤 한다는 전설이 있었습니다. 여기서 우리는 언젠가 천사가 실제로 그 물을 휘저었고 그때 누군가가 이 사건을 목격했다고 가정하지요. 이 사람은 다른 사람들에게 자신이 기억하는 대로 그 사건의 이미지를 전달했습니다. 이 지점에서, 그의 기억에 있는 이미지는 그를 만난 사람들의 머리로 넘어가고, 그 사람들은 그 이미지에 천사의 등장에 관습적으로 부여했던 가치의 감정을 결합시킵니다. 이제 물이 다시 그 사람들의 기억에 있는 이미지와 똑같이 위쪽으로 뽀글뽀글 거품을 일으키고, 그러면 그들은 맨 먼저 그 이야기를 들려주었던 남자가 그들에게 전달했던 가치의 감각을 그 사건과 필연적으로 연결시킵니다. 그러나 생생한 상상력을 물려받은 그들은 단순히 주관적인 어떤 감정과 물질적인 어떤 자극에 의해 일어난 감각을 혼동하게 됩니다. 그러나 모든 감각은 우리의 밖에서 일어나는 어떤 실제 사건에서 비롯되며, 우리는 그 사건과 감각을 연결시킵니다. 이런 이유 때문에, 사람들은 어떤 천사가 실제로 물을 휘저었으며 천사의 등장이 그들의 내면에 이런 감각 또는 감정을 일으켰다고 믿습니다. 따라서 감정에 근거한 천사 환상은 과거에 느꼈던 어떤 감정, 그러니까 지금은 단순히 기억되고 있는 어떤 감정과 객관적인 원인들에 의해 일어났던 실제 감정을 무의식적으로 혼동한 데서 비롯됩니다.

이것이 리츨이 종교적 성격의 대상들, 특히 소위 많은 "경건파들"[42]이 주장하는 '신비의 융합', 즉 신이나 그리스도와 인간 사이의 직접적인 관계를 분석하는 방법입니다.

복음서 저자들은 자신들이 그리스도에 대해 기억하고 있는 것들의 이미지를 우리에게 전하고 있습니다. 이미 말한 바와 같이, 전달되고 있는 것은 단순히 순수하고 분화되지 않은 이미지이지만, 그 이미지는 인간 종에게 주입된 가치의 감각과 밀접히 연결되어 있습니다.

만약에 어느 남자가 지금 자신이 기억하고 있는 그리스도의 행위와 일치하는 기독교인다운 어떤 행위를 실행한다면, 그 사람은 그리스도가 동기를 부여한 그 행위를 하는 순간에 복음서 저자들이 원래 그의 내면에 주입했던 가치의 감정을 떠올리게 됩니다. 그런데 이 감정이 그가 순수한 어떤 감각을 경험하고 있다고 믿도록 속이고, 그러면 그는 엉뚱하게도 이 감각이 그의 밖에 있는 객관적인 원인, 즉 그리스도의

42 17세기에 형성되었던 유럽 개신교의 종교운동인 경건주의를 지지한 사람들을 일컫는다. 이 운동은 기독교인답게 경건한 생활을 추구하며 종교를 생활화하자는 취지로 전개되었다.

실질적 영향력의 결과라고 인식하게 됩니다. 말하자면, 그가 그리스도가 객관적이고 물질적인 어떤 형태로 직접 그의 옆에 서서 그와 진정하고 실질적인 관계를 맺고 있다고 믿게 된다는 뜻입니다. 똑같은 과정은 인간과 신 사이에 존재하는 것으로 여겨지는 직접적인 관계도 설명해줍니다.

따라서 리츨은 계몽주의적이거나 주관적인 지식을 부정하며, 그 결과 당연히 신비의 융합까지, 말하자면 중세의 모든 신비주의가 초점을 맞추었고 또 계몽되고 문명화된 우리 시대까지도 그것만 아니었다면 나무랄 데가 하나도 없고 또 제대로 사고했을 사람들이 머리와 가슴 속에서 추구해왔던 대상까지 부정하고 있습니다. 그러나 리츨은 이런 부정적인 태도를 고수하지 않고 오히려 주관적인 감정이라는 토대 위에다가 자신의 윤리학을 세우고 있습니다.

그가 이 일을 얼마나 교활하게 처리하고 있는지 모릅니다. 그는 신과 인간의 관계에 대해 지금까지 "경건주의" 집단에서 쓰고 있는 어휘를 그대로 사용하면서도 긴장이나 오해를 조금도 불러일으키지 않습니다. 당연히, 이 같은 사실은 리츨의 이론을 진정으로 이해하는 데 결코 작지 않은 장애로 작용하고 있습니다. 이것이 비(非)신학자에게 철두철미한 리츨 학파의 토론이 모순과 모호함의 덩어리처럼 보이는 이유입니다. 물론, 어떤 신학자도 이 점을 인정하지 않을 것입니다. 그러나 현대 신학자들이 동원하는 전문적인 용어가 너무나 난해하고 오도하고 있기 때문에, 나는 교육을 받은 사람들조차도 "종교적-윤리적 동기" 같은 표현의 의미를 상징적 또는 마법적 차원에서 이해하기 위해서는 지성을 버려야 한다는 점을 꼭 말해야 합니다. 그리고 최종적으로 리츨 학파의 건축물이 계속 똑같은 옛 이름으로 불리는 어떤 사상 위에 세워질 때, 사람들은 그냥 놀라움에 입을 떡 벌린 채 믿기 어려운 장면을 인내심 있게 참아내는 수밖에 없습니다. 마지막에, 사람들은 아마 주변 사람들에게 이렇게 말할 것입니다. "무슨 말인지 도무지 모르겠어!"

리츨의 윤리학의 토대는 그가 계몽주의를 반박하는 것과 똑같은 인식론적 바탕에서 나옵니다.

소위 "경건주의자"는 이렇게 말합니다. "나는 신과 직접적으로 친밀한 관계를 맺고 있다. 신이 가까이 있다는 사실과 그 같은 사실이 일으키는 힘이 나로 하여금 신의 의지에 맞춰 행동하도록, 말하자면 도덕적으로 행동하도록 만든다." 앞에 언급한 것들을 근거로, 리츨은 신비의 융합을 주관적인 가치의 감정과 객관적으로 결정되는 어떤 감각을 혼동한 결과로 설명하면서, 그런 관계의 직접적인 본질을 반박하고 있습니다. 리츨은 자신의 윤리학의 토대를 전적으로 종작없는 이성과 감각 인지력의 범위 안에서 발달시키고 있습니다. 그는 이렇게 언급하고 있습니다. "우리는 능동적이고 의식적인 감각의 영역이 아닌 다른 곳에서는 인간이 다른 인간의 정신에 영향을 미칠 수 있다는 점을 증명하지 못한다."

정확히 말하면, 어떤 사람이 타인에게 영향을 미칠 수 있는 것은 오직 그 사람이 행사한 자극이 상대방에게 받아들여져서 의식의 영역 안에서 처리될 때뿐입니다. 사실 인간의 의식이 감각 지각력 또는 "의식적 감각"의 영역 밖에서 영향을 받는 것은 불가능합니다.

따라서, 리츨에 따르면, 의식적 감각을 통하지 않고 사람의 의식에 영향을 미칠 수 있는 길은 없습니다. 이 이론에 의해, 과학이 오래 전에 확립한, 소위 최면 후 암시[43]의 가능성은 불가능한 일이 되어 버리고 맙니다. 사람은 의식의 전체 내용물을 의식적 감각, 즉 감각적 지각력의 영역에서 끌어냅

43 최면술사가 최면 상태에 있는 사람에게 최면이 끝난 뒤에 기억해야 할 것을 암시하는 것을 말한다.

니다. 따라서 사람은 또한 도덕적 행위에 필요한 모든 동기 부여를 의식적 감각을 통해, 달리 표현하면 다른 인간들과의 커뮤니케이션을 통해 얻습니다. 우리가 타인들로부터 받는 메시지는 기억에서 끌어내어진 어떤 이미지입니다. 이미 설명한 바와 같이, 이 이미지는 소통되고 있는 것에 관한 생각과 우리가 그 생각에 부여하는 가치의 감정만을 포함하고 있습니다. 우리가 어떤 생각에 부여하는 가치의 크기에 따라, 그 생각은 우리에게 행동할 동기를 부여하는 힘이 될 수 있습니다. 주관적인 가치 감정이 원래 중립적이고 수동적인 이 생각에 동기 부여와 유효성을, 따라서 실체의 힘을 부여합니다. 그리하여 우리는 단순히 수동적인 어떤 생각에 존재와 현실성을 부여하게 됩니다. 우리는 우리의 "정신적 실체"를 느끼지만, 이 실체는 어떤 동기 부여에 의해 결정되고, 이 동기 부여의 현실성은 우리가 거기에 부여하는 가치의 감정에서 나옵니다. 그러나 가치 감정의 실체는 그 토대를 자긍심의 실체에 두고 있습니다. 리츨은 다소 복잡한 이 사상을 다음과 같이 나타내고 있습니다. "우리의 정신적 실체에 수반되는 존엄은 이 세상에서 소중하고 효율적인 하나의 존재로서 우리의 실체에 도움이 되는 모든 것들의 실체를 인식할 충분한 근거가 된다."

여기서 우리가 듣고 있는 것이 누군가가 늪에 빠졌다가 자신의 상투를 이용해 빠져나왔다고 말하는 것이나 다름없이 믿기 어려운 이야기라는 것을 우리는 알고 있습니다. 아니, 어쩌면 그 같은 사실을 보지 못할 수도 있겠지요.

도덕적인 행동을 존경하는 가치의 감정은 대체로 타인들에 의해 우리의 내면으로 서서히 주입됩니다. 이런 감정의 주입은 커뮤니케이션을 통해 이뤄집니다. 아이에게 그리스도는 가난한 자와 병약한 자를 도왔다고 가르칩니다. 이것은 동기를 부여하는 힘을 전혀 수반하지 않는 이미지, 즉 순수 행동(actus purus)입니다. 아이는 가난한 사람을 돕는 것이 선한 행위라는 것을 배운 뒤에 그 행동에 동기 부여의 힘을 부여하지요. 이 과정에 의해, 그 행위에 부여한 가치의 감정이 강화되고, 최종적으로 가난한 사람을 돕는다는 생각이 아주 강력해집니다. 그러다 보면 그 생각은 더욱 강해진 가치의 감정 때문에 그와 비슷한 행위를 하도록 자극하게 됩니다. 기독교인의 모든 행위에 대한 동기 부여는 그런 식으로 일어나고 있습니다.

복음서 저자들은 그리스도의 공적에 관한 기억을 우리에

게 전하고 있습니다. 우리가 도덕적인 행동을 하도록 우리의 내면에 주입된 가치의 감정은 그리스도의 도덕적 삶이라는 사상에 강하게 달라붙으면서 그 사상에 우리의 의지를 자극하는 데 필요한 효험을 부여합니다. 따라서 그리스도의 역사적 인격 속으로 깊이 파고들수록, 우리는 도덕적 행위라는 개념을 더 많이 채택하게 되고, 우리의 의지를 자극할 동기 부여를 더 많이 얻게 됩니다.

리츨은 가치에 관한 동기 부여를 얻는 길로, 의식적인 감각의 길 외에는 다른 길을 전혀 보지 않고 있으며, 따라서 그는 그리스도의 삶과 관련해서 전적으로 기억 속의 이미지들에, 말하자면 대단히 오래된 자료들이 우리에게 제공하는 이미지들에 의존하고 있습니다. 신 또는 그리스도와 인간의 관계에 관한 리츨의 이론은 바로 이런 인식론의 필연적인 결과이지요.

더욱이, 리츨도 마음속에 허구의 "정상적인 인간"에게 봉헌된 어떤 신전을 세웠기 때문에, 이미 언급한 이유들로 인해 그는 어떤 인간도 "의식적인 감각"이라는 영역 밖에서는 다른 사람의 영향을 받지 않는다는 것을, 따라서 어떤 사람도 성경에 포함된 동기 부여의 원천 외에 다른 원천에는 접근하지 못한다는 것을 알고 있습니다. 리츨의 관점에서 보면, '신약성경'은 최종적으로 그리스도의 삶을 우리에게 가르치고 있습니다. 혹은 꽤 단순하게 표현하면, 그리스도가 우리 안에서 그의 삶을 낳고 있습니다. 이 지점에서 소위 "경건주의자"는 덫에 빠지며 이렇게 말할 것입니다. 그것이 실은 신비의 융합이라고 말입니다. 절대로 그렇지 않습니다. 정말이지, 단어들은 극도로 신비스럽게 들리고, 아시시의 성 프란치스코(St. Francis of Assisi)[44]도 얼굴을 붉히지 않고 그런 말을 그대로 할 수 있었을 것입니다. 이 대목에서 괴테의 시구를 약간 수정해서 인용하고 싶은 유혹을 강하게 느낍니다.

> 사람은 복음을 듣지만 믿음을 결여하고 있어!
>
> 믿음은 기적의 가장 사랑스런 자식이니까!

리츨은 차분하게 말합니다. "하느님은 참회를 통해 나를 처벌한다. 그리스도는 나를 위로하고 격려한다."

그러나 이런 경건한 정서는 리츨의 이론을 따르는 기독교

44 이탈리아의 로마 가톨릭 교회 수사이자 설교가이며 프란치스코회의 창설자이다.

도에게 나타나는 그리스도가 전통적으로 내려오는, 기억 속의 모든 이미지들의 총합, 즉 그리스도의 인격에 관한 모든 정신적 이미지들의 총합을 이루는 한에서만, 그리고 우리가 그 이미지들의 전체에 가치의 감정을 부여하는 한에서만 가능하다는 점을 명심해야 합니다. 리츨의 이론을 따르는 기독교인에게, 하느님과 그리스도는 언제나 어떤 특별한 의미에서만 존재합니다. 한편, "경건주의자"는 그리스도가 언젠가 자신의 사람들에게 보내겠다고 약속한 성령의 힘을 통해 경건주의자를 실질적으로 또 직접적으로 위로한다고 주장합니다. 그러나 현대 문명의 가르침을 배운 계몽된 리츨의 지지자는 하느님이나 그리스도는 진정으로 현재에 나타나지 않으며, 오직 인간이 자신의 내면에 주입된 가치의 감정 덕분에 원래 비현실적인 정신적 관념에 행동을 자극할 힘과 진정한 존재의 특성을 부여하는 범위 안에서만 나타난다는 것을 알고 있습니다.

고대에 반신(半神) 프로메테우스는 일을 하면서 행복하게 노래를 불렀습니다.

나는 여기 앉아 인간들을 창조하고 있노라![45]

리츨의 이론을 지지하는 기독교인은 특히 이런 주장을 할 수 있습니다.

나는 여기 앉아 신들을 창조하고 있노라!

문명의 도래로 겸손이 커지는 것 같군요! 더욱이, 리츨이 루터(Martin Luther)와 칸트 사이에서 끌어내고 있는 이 타협안은 칸트의 주관주의와, 상상하기 어렵겠지만 『의지와 표상으로서의 세계』의 불길한 기미를 띠고 있지요! 아, 쇼펜하우어가 이런 식의 설명에서 자신의 사상이 거꾸로 뒤집어지는 것을 보는 즐거움을 누릴 수 있었으면 좋았을 텐데! 아마 우리는 폰 팔켄베르크(von Falkenberg)에게 그의 '현대 철학사' 다음 판에 쇼펜하우어의 은밀한 숭배자로 "반(反)시대적인" 비(非)철학자 니체 외에 알브레히트 리츨을 언급하는 것이 좋겠다고 제안할 수 있을 것 같습니다.

여기 계신 청중 중에서 리츨의 상징적인 언어를 사용하는

45 괴테의 『프로메테우스』 중에서.

데 대해 혐오감을 전혀 느끼지 않는 많은 사람들은 아마 내가 방금 언급한 언어의 바닥에 깔린 반기독교적인 인식의 심연을 알게 되면 크게 놀랄 것입니다. 정말로, 그런 사람들은 나 자신이 언제나 리츨의 사상에 강력히 맞섰다는 점을 인정하면서, 내가 다소 과장했다고 상상할 수도 있을 것입니다. 그러나 나는 리츨의 텍스트에서 그가 생각하는 기독교가 실제로 내가 묘사한 것과 똑같다는 사실을 보여주는 단락들을 인용할 수 있으며, 지금 그런 것들을 인용할 생각입니다.

예를 들어, 리츨은 자신의 적들이 "그리고 보라, 나는 언제나, 세상 끝날 때까지 너희와 함께 할 것이니라."라고 한 그리스도의 약속을 구체적으로 해석하면서 신 또는 그리스도와 인간 사이에 직접적인 관계, 즉 신비의 융합이 존재한다고 주장하고 있다고 비난하고 있습니다. 리츨은 자신의 적들에 대해 이렇게 말합니다. "그들은 확정되지 않고 불확실한, 기억 속의 이미지들에 불과한 것을 사물들의 실체로 단정하고 있다."

한편, 리츨은 어떤 사람의 의식의 영역에 영향을 미치는 유일한 길은 기억을 통한다는 것을, 또 이 기억이 행동을 자극하는 힘은 주관적인 가치의 감정에 근거를 두고 있다는 것을 알고 있습니다. 따라서 그는 다음과 같이 말합니다.

> "그러나 정밀하고 세세한 어떤 기억은 형태를 이루는데, 이 형태에서 인간의 정신은 효과적이고 가치 있는 모든 동기 부여를 획득하며, 우리는 이 동기 부여를 따름으로써 각자의 삶을 적절한 목적에 맞춰 살아갈 수 있다.
>
> 하나의 정확한 기억은 개인적인 관계들의 매개체이다. 말하자면, 그런 기억은 어떤 사람이 다른 사람에게 지속적으로 영향을 미치는 것을 가능하게 하고, 또 그런 기억은 후자가 전자의 가르침이나 선동을 바탕으로 행동할 때마다 전자가 후자의 마음속에 있도록 만든다. 그리고 가장 넓은 의미에서, 이 말은 종교에서 그리스도에 대한 우리의 정확한 기억을 통해서 형성된, 우리의 삶과 하느님 사이의 유대에도 그대로 적용된다. 그러나 그런 관계들과 특히 마지막에 제시한 관계를 중간을 거치지 않는 관계로 묘사해서는 안 된다. 이유는 그런 식으로 묘사함으로써 우리가 그 관계를 상상적인 것으로 선언하기 때문이다. 상당한 정도의 매개가 개입되지 않는 것 중에서 진정한 것은 절대로 없으니까.
>
> 그러나 하느님이나 그리스도와 우리 자신 사이의 개인적인

관계는 언제나 말씀, 즉 하느님의 법과 약속에 대한 우리의 정확한 기억을 통해 중개되고 있으며, 하느님은 이런저런 계시를 통해서만 우리에게 영향을 미칠 수 있다. 어떤 인식이나 관계가 직접적인 본질을 갖는다는 것을 하나의 기본 원리로 단언하는 경우에 실체와 환각을 구분할 가능성이 제거되어 버린다."

그런 다음에 리츨은 혹시 생길지 모르는 오해를 사전에 차단하기 위해 한 번 더 요약하고 있습니다. "따라서 하느님의 말씀, 즉 법과 복음의 중개가 없는 상황에서, 그리고 그리스도의 안에 있는 하느님의 이런 직접적인 계시에 대한 정확한 기억이 없는 상황에서는 기독교인과 하느님 사이에 어떤 개인적 관계도 존재하지 못한다."

이것은 명쾌하며 추가적인 논평을 필요로 하지 않는다고 나는 믿습니다. 만약에 그리스도의 재판을 주재한 고위 성직자가 그런 인정머리 없는 인물이 아니었더라면, 여기서 사람들은 정말로 그가 한 것처럼 외치고 싶은 유혹을 받을 수 있을 것입니다. "보시오. 지금 여러분은 그가 하느님을 모독하는 소리를 들었소. 그런데 무슨 증인이 더 필요하오?"('마태

복음' 26장 65절)

이제 리츨의 인식론에 드러나는 세계관을 보는 일이 남았습니다. 리츨이 이해하는 우주의 드라마에서, 신과 그리스도와 인간은 정말로 한심한 역할을 맡고 있습니다. 하느님은 인간들이 자신들의 기억에 담긴 하느님의 이미지에 자신들의 행동을 자극하는 힘을 부여하는 정도까지만 존재하며, 오직 그 만큼만 우주의 질서에 영향을 미칠 수 있을 뿐입니다. 그리스도도 한 사람의 인간이 된, 똑같이 더듬거리고 무력한 신이며, 한 사람의 인간으로서 환상에 시달린 비참한 몽상가이며, 더욱이 리츨이 정확히 언급하듯이 "신비주의 문헌에 그다지 밝지 않습니다". 이 마지막 부분은 그리스도가 자신의 추종자인 바오로와 공유하고 있는 특성이지요. 리츨은 정확히 이렇게 말하고 있습니다. "그리스도 또는 하느님과 개인적으로 직접적 관계를 맺는다고 강력히 주장하는 사람들은 분명히 신비주의의 문헌에 밝지 않다."

우리는 리츨의 신을 경시할 수 있지만, 리츨의 이론을 따르는 기독교인에게는 동정밖에 느끼지 못합니다. 모든 이교도도 슬픔에 빠지거나 두려운 상황에 처하는 경우에 강하게 불평할 신들을 두고 있습니다. 비록 그 신이 번쩍번쩍 광을

낸 부츠나 은 단추나 나무 막대기에 지나지 않을지라도 말입니다. 그러나 리츨의 기독교인은 자신의 신이 교회와 학교, 집에서만 존재하는 것으로, 또 그 신의 유효성이 기억이 제공하는 동기 부여의 주관적인 힘에 달려 있는 것으로 알고 있습니다. 그렇다면 기독교인이 육체적, 정신적 결핍으로부터의 구원을 얻기 위해 기도하는 대상이 이렇게 무력한 신이란 말입니까? 신은 손가락도 하나 까딱하지 못합니다. 이유는 신이 오직 역사적으로 전통 속에서만, 엄격히 제한적인 의미로만 존재하기 때문이지요. 프랑스인들이었다면 비참한 독일인들에게 큰 패배를 안기고 알자스-로렌을 해방시키라고 샤를마뉴를 졸라서 그 정도의 성공을 거둘 수 있었을 것입니다.

이 지점에서 나는 유명한 학자들에게 전형적으로 나타나는 감정의 결핍을 상기시킬 것입니다. 가슴의 사막 이곳저곳으로 돌아다니고 있는, 감정 결핍이라는 그 옹졸한 악령이 리츨에게 심술궂은 속임수를 썼습니다.

알브레히트 리츨은 심리학적 관점에서 접근하면 이해가 훨씬 더 쉽습니다. 그는 루터 교회의 교육 기관인 괴팅겐 대학의 교수였고 루터의 교리에 따라 가르칠 의무를 졌으며,

따라서 그는 루터 교회의 교인이 되어야 했습니다. 리츨이 지켜야 했던 가이드라인은 루터가 고대 교회의 모든 신비주의와 예언적인 전통을 단칼에 잘라 버린 그 유명한 일격이었지요. 리츨은 직접 이렇게 언급합니다. "나는 다른 길로 가르칠 의무도 없고 자격도 없다. 그럼에도 내가 종교개혁 원칙이 정한 가르침에서 벗어나지 않은 때에, 바이스(Johannes Weiss) 같은 신학자가 나를 자신의 경건주의적인 관점에서 판단한 것은 주목할 만한 사실이다."

루터주의가 그의 절대적인 바탕이었습니다. 게다가, 존경받는 신학 선생에게 적절하기 때문에, 그는 칸트의 인식론이 루터주의 기독교와 완벽하게 양립 가능하다는 점을 보여줄 수 있을 만큼 충분히 세속적인 철학을 다루지 않을 수 없었습니다.

그러나 쾨니히스베르크의 철학자는 누구에게도 아무런 벌을 받지 않고 자신의 사상을 갖고 장난치는 것을 허용하지 않습니다. 칸트의 순수 이성 비판에서 정상적인 인간은 종교의 신비적인 요소를 별로 좋아하지 않으면서 리츨이 모든 인간의 가슴 속에 잠자고 있는 신비를 부정하도록 유혹했습니다. 그래서 리츨은 의문을 무시하고 확신을 자극하는 일에 삶과 노력을 쏟는 부류의 인간들에게 삼켜지고 말았지요.

우주의 드라마에서 신비의 놀라운 역사는 리츨이 묘사한 보잘것없는 영역을 삼키면서 도도하게 굽이치며 흐르고 있습니다. 무한에서 온 어떤 암시가 인간의 모든 해설들 위로 숨을 훅 내쉬면서 그것들을 멀리 날려버리고 있습니다. 그러나 신비는 시간의 종말까지 인간의 가슴에 영원히 남아 있을 것입니다.

분명히, 우리는 그리스도의 인격을 이해하는 일에 별다른 진척을 이루지 못했습니다. 그리스도에 관한 온갖 터무니없는 해석들, 그러니까 "상황에 인간의 관점을 덧씌우려는" 욕망을 충족시키는 사회 정치적 통찰과 사상 등등, 등장하는 순간부터 자체의 부조리 때문에 비난 받지 않을 수 없는 것들과 별도로, 이 세상에 존재하는 것들 중에서 가장 높은 존재인 그리스도가 정작 그 수호자인 신학자들에 의해 다뤄지는 방식은 그리스도를 정확히 이해하려고 노력하는 교육 받은 평범한 사람들의 눈에 여전히 아주 이상해 보입니다.

정말 순진하게도, 신학자들은 세상이 너무나 부드럽고 선하기 때문에 세상의 모든 사람들이 이 본보기의 발아래로 열정적으로 몸을 던지도록 만드는 데 필요한 것은 그리스도의 인격에 대한 설교뿐이라고 믿고 있습니다. 신학자들은 단순히 기억되고 있는 이미지를 높이 내걸기만 하면 그것을 보는 사람들이 도덕적인 행동을 할 것이라고 판단하고 있습니다. 틀림없이 우리의 신학자들 중 많은 수는 세상의 관용을 아주 강하게 확신하고 있습니다. 그래서 그들은 모든 사람이 기억된 이 이미지에 즉시 가치의 감정을 부여하고, 모든 사람이 그 감정에 자신의 행동을 일으키는 힘을 부여할 것이라고 믿고 있습니다.

틀림없이, 신학자들은 이 세상이 낙심한 나머지 몸짓을 크게 하는 설교자들과 그들의 설교 행위에 얼마나 무관심한지를 모르고 있습니다. "기억 속의 불안정한 이미지"는 세상을 휘젓지 못합니다. 왜냐하면 그 이미지에 그리스도의 인격과 관련 있는 어떤 가치의 감정도 주입되지 않았기 때문이지요. 세상은 그리스도에 대한 가르침을 받지 않았으며 그에게 전혀 관심을 두고 있지 않습니다. 우리는 그리스도가 자기 자신을 어떤 식으로 보았는지, 신에 관한 그의 주장은 어떠했는지에 대해서는 더더욱 알지 못하고 있습니다. 우리는 그리스도가 자신의 형이상학적 의미에 대해 어떤 생각을 품었는지에 대해 너무나 모르고 있기 때문에 그리스도에게 가치의 감정을 부여하지 못합니다. 대개, 오늘날의 실용적인 신학자들은 사실 교육과 설득을 통해 세상을 얻는다는 생각을 포기했습니다. 그들은 스승인 리츨이 신봉한 도덕적 생리학을 그냥 무시하고 있습니다. 도덕적 생리학의 두 번째 조항은 도덕 감정에 대해 언급하고, 태평스럽게 역사적인 예수에 대해 설교하고 있지요. 역사적인 예수라는 단순한 이미지는 동기부여의 힘을 전혀 발휘하지 못하는데도 말입니다.

반대로, 이 주제를 일요일마다 반복하는 것은 그 이미지를 지루하기 짝이 없는 이미지로 만들어 버립니다. 인간이 새로운 관점을 받아들이도록 교육시키는 귀찮은 과제를 피하기 위해, 신학자들은 그냥 어깨를 으쓱해 보이며 "입증되지 않았어!"라는 식으로 말하면서 비판적인 어떤 세계에 굴복하고 말지요. 정말로, 신학자들은 그리스도의 인격 중 4분의 3을, 그러니까 기적에 대한 그리스도의 믿음과 그의 예언가적 능력, 그리고 자신의 신성에 대한 그의 자각을 기꺼이 포기하려 하고 있습니다. 그들은 역사적인 예수, 한 사람의 인간으로서의 예수에 대해 설교하는 것으로 자신의 임무를 국한시키고 있습니다. 이것은 리츨로부터 이탈하는 것이긴 하지만, 보다 높은 어떤 지점에서 그보다 더 낮은 어떤 지점으로 이동하는 것이지요. 결국, 그리스도는 가난한 사람의 대명사로서 가난하고, 능력과 영광, 심지어 예리한 인식력까지 빼앗겨버린 "순진한 이상주의자"가 되었습니다. 당연히 이런 실험들과 양보들은 실질적으로 세상을 얻을 가능성을 떨어뜨리고 있으며, 우리는 이미 구세군의 기법을 채택하고, 종교 행사에 온갖 교활한 장치를 이용하고, 교회의 안과 밖을 싸구려 물건으로 장식하고, 세례반과 음악 소리에 맞춰 회전하는 성찬 테이블을 마련해 주기적으로 장식을 바꾸고, 적절한 지점에 자동 설교 장치를 설치해서 동전을 넣으면 원하는 모든 주제에 대해 10분을 넘지 않는 길이의 설교가 절로 나오도록 하게 할 것이라는 신호들을 보고 있습니다. 이 모든 것은 단지 종교 생활 전반에 걸쳐 조용하지만 확실히 퍼지고 있는 심각한 권태를 물리치기 위한 것입니다.

당연히, 교회나 종교 의식을 즐거운 그 무엇인가로 바꾸고, 조상들이 피땀 흘려 우리의 내면에 주입한 가치들을 갖고 도박을 벌이고, 조상들이 18세기라는 긴긴 세월 동안 온갖 혼란을 겪으며 쌓은 지식의 부(富)를 낭비하는 것이 사람들을 힘들여 가르치며 보다 광대한 새로운 높이로 이끄는 것보다 훨씬 더 쉽고 편한 일이지요.

아기를 목욕물과 함께 버리는 데는 어떤 재주도 필요하지 않습니다. 또 "우리는 그리스도라는 형상을 중심으로 18세기 동안 구축된 모든 것을, 모든 가르침과 모든 전통을 다 버리고, 오직 역사적인 예수만을 받아들일 것이다."라고 말하는 것은 그리 대단한 업적이 아닙니다. 왜냐하면 이런 식으로 말하는 사람들이 대체로 버릴 것을 전혀 갖고 있지 않기 때문이지요. 그런데도 우리는 그들의 태도가 "비판적"인 것으로 묘사되는 소리를 자주 듣습니다. 만약에 인간을 더욱 성장시키고 발전시키라는 소명을 받은 우리가 터무니없는 규칙과 얄팍한 종교적 개념들로 이뤄진 황폐한 교회 같은 결실을 뒤에 남긴다면, 우리의 후손들은 우리에게 감사하는 마음을 거의 품지 않을 것입니다. 그 규칙과 종교적 개념들은 머잖아 황무지로 사라져 버리겠지요.

그래서 우리는 여기서 우리가 해야 하는 일이 무엇인지 스스로에게 묻고 있습니다. 역사적인 예수에 관한 설교가 터무니없는 이유가 무엇입니까? 사람들이 교회에 나가는 것보다 과학 강연에 참석하는 일에 더 많은 관심을 두는 이유가 무엇입니까? 그들의 관심이 다윈과 헤켈(Ernst Haeckel)과 부흐너(Eduard Büchner)로 모아지고 있는 이유가 무엇입니까? 그리고 왜 오늘날 사람들은 종교적인 문제들을 놓고 논하는 것을 귀찮아합니까? 과거에는 사람들이 종교 문제 때문에 목숨까지 기꺼이 던지려 했는데도 말입니다. 정말이지, 일부 분야에서 종교적인 이슈에 관한 토론은 거북할 뿐만 아니라 노골적으로 부적절한 것으로 여겨지고 있습니다.

우리 사회는 교육되어야 하고, 우리는 궁극적인 문제들에 대한 관심을 사회에 주입시켜야 하며, 이런 것들이 이뤄진 뒤에야 우리는 소위 역사적인 예수에 대한 설교를 시작하고 사람들이 그리스도에게 돌리고 있는 가치의 감각에 호소할 수 있습니다. 그러나 그리스도가 현실과 완전히 분리된 추상적인 개념들의 어떤 세계의 한 요소가 아니듯이 "정상적인 인간"도 아니라는 사실을 세상이 이해할 수 있을 때까지, 이 가치의 감각은 일어나지 않을 것입니다. 우리는 그리스도를 그 자신이 해석해주기를 바랐던 대로 해석해야 합니다. 그리스도의 이미지를 그가 자기 자신에 대해 품었던 예언자의 이미지로 복원시켜야 합니다. 그가 우리의 정신적 우주에서 차지하는 위치는 그의 주장과 일치해야 합니다.

현대인은 그리스도의 초현세적인 본성을 받아들여야 합니다. 그 이상도 아니고 그 이하도 아닙니다. 그리스도의 그런 본성을 받아들이지 않는다면, 우리는 더 이상 기독교인이 아닙니다. 기독교가 암시하는 관점을 공유하지 않는 경우에 기독교인이라는 이름으로 불릴 자격이 없기 때문이지요. 그러나 우리 자신을 그리스도의 이름으로 부르는 한, 우리는 도덕적으로 모든 측면에서 그리스도의 가르침을 준수할 의무를 집니다. 우리는 불가능해 보이는 것까지도 믿어야 합니다. 그렇지 않으면 우리는 기독교인이라는 이름을 남용하게 될 것입니다.

이것은 가혹한 처방이고, 지성의 포기라고 비판 받을 것입니다. 그러나 누군가가 자신이 기독교인이라는 사실을 머릿속으로 받아들이기만 하면, 그 사람은 스콜라 철학이 다시 융성하게 할 위험을 무릅쓰더라도 자신의 비판적인 이성에 맞서 자신의 신앙을 옹호해야 합니다. 그렇게 하고 싶지 않다면, 그 문제에서 빠져나가는 방법은 아주 간단합니다. 기독교인이 되려는 뜻을 포기하기만 하면 됩니다. 그러면 그 사람은 자신을 스스로 선택한 이름으로 부를 수 있습니다. 도덕적 품위를 지키는 데 관심이 많은 사람이라고 불러도 좋고, 세상을 향상시키는 일에 매진하는 도덕적 철학자로 불러도 좋을 것입니다.

그러나 만약에 우리의 기독교가 무엇이든 어떤 본질을 갖게 하려면, 우리는 최초의 기독교인들이 품었던 형이상학적이고 개념적인 우주의 전체를 한 번 더 무조건적으로 받아들여야 합니다. 이렇게 하는 것이 가시로 우리의 몸을 아프게 찌르는 것이나 마찬가지겠지만, 기독교인이라는 이름을 위해서 우리는 그렇게 해야 합니다. 나는 모든 사람들에게, 특히 신학자들에게 에두아르트 폰 하르트만이 모든 기독교인들의 발치로 던진 그 진리를 기억할 것을 촉구하고, 또 하르트만의 목소리에 귀를 기울여줄 것을 간청합니다. "종교적 숭배에서 형이상학적 관념들의 세계가 언제나 도덕적 행위를 하려는 의지를 일으키는, 감정의 생생한 샘으로 남아 있어야 한다. 이 샘이 마를 때마다, 숭배는 굳어지고 죽어가면서 의미 없는 의식으로 변하고, 종교 윤리학은 추상적인 설명으로 말라비틀어지거나 어느 누구에게도 매력을 발휘하지 못하는 감상적인 문구나 남발하게 된다."

그리스도가 가르치고 그리스도가 몸소 구현한 그런 형이상학적 세계 또는 형이상학적 질서의 신비가 기독교의 중심에 놓여야 할 뿐만 아니라, 그 신비가 기독교의 원동력으로서 기독교의 맨 꼭대기를 차지할 수 있어야 합니다. 하르트만은 이렇게 말합니다. "모든 인간에게 어떤 다른 측면을 보여주는 신비의 무한한 풍부함과 미리 경고하는 성격의 깊이가 없으면 어떤 종교도 가능하지 않다."

경건한 신자들이 애착을 아주 강하게 품을 그런 신비가 없는 상태에서는 어떤 종교도 살아남지 못했으며 앞으로도 마찬가지로 그럴 것입니다. 역사적인 방향으로 경도된 현대의 기독교도 기적과 신비를 갖고 있습니다. 아, 그러나 정말 유감스럽게도, 특히 이 기적, 그러니까 그리스도의 인격이 인간에게 영향을 미침에 따라 일어나는 인간의 변화라는 기적은 불가피하게 허구적인 기적입니다. 이유는 기적의 원인이 그리스도의 진정한 현현(顯現)이 아니라 단지 우리가 인식의 주체로서 우리의 행동을 자극하는 힘을 부여한 어떤 생각이기 때문이지요.

"기적"이라는 용어의 엄밀한 정의에 따르면, 인과성을 강조하는 리츨의 견해에 따라 변화한 누군가의 행동은 기적이 될 수 없습니다. 왜냐하면 그 행동의 원인이 그 사람의 의지를 지배하고 있는 생각, 다시 말하면 그 실체가 그것을 알고 있는 주체에 의해 결정되는 그런 생각이기 때문이지요. 일상적인 과학의 언어에서 이것은 자기 암시라 불립니다. 그리고 오늘날 자기 암시라는 개념은 더 이상 기적의 범주에 속하지 않습니다. 그것이 기적에 포함된다면, 우리는 중력의 기적에 매일 경탄해야 할 것입니다.

우리는 신학자들이 이런 식으로 말하는 소리를 종종 듣습니다. 어떤 사람이 그리스도의 인격을 이해하게 되면서 완전히 다른 사람으로 변하는 것은 사실 그리스도가 우리의 삶에 끼치는 영향을 즉시적으로 보여주는 위대한 기적이라고 말입니다. 만약에 그런 신학자들이 이런 현상을 리츨과 똑같은 방법으로 해석한다면, 이것은 지금 논의 중인 기적이 결핵에 관한 글을 읽은 건강 염려증 환자가 기침을 하며 가래를 뱉기 시작하는 것보다 절대로 더 위대하지 않다는 의미일 것입니다. 그러나 만약에 그들이 그 현상을 기독교 언어로 그리스도의 진정한 현현으로 언급한다면, 그것은 진정으로 위대한 기적이 됩니다.

그렇다면 역사적인 예수라는 개념과 함께, 리츨의 사상을 고수하는 사람에게 쓰일 때에만 의미를 갖는 리츨의 용어 체계를 폐기하지 않는 이유는 무엇입니까? 그렇게 할 경우에, 그리스도가 우리를 감각의 세계에서 끌어올리는 신비의 융합을 통해 우리와 결합하는 그런 형이상학적인 형상이 되기 때문입니다. 또 그렇게 할 경우에, 우리 같은 비전문가들은 역사적인 예수라는 개념에서 벗어나야 합니다. 이유는 역사적인 예수라는 개념이 지금 리츨에서 비롯된 확고한 어떤 의미를 지니게 되었고, 그 개념이 추가적인 해석을 허용하지 않고 오직 오해의 대상만 되고 있기 때문이지요. 또 그렇게 할 경우에, 신학자는 오해의 소지가 없는 하인리히 수소(Heinrich Suso)[46]의 언어로 말하거나, 야코프 뵈메 같은 사람의 심오하고 모호한 이미지로 말해야 합니다. 그렇게 함으로써, 신학자는 종교적 감정의 정점에, 진보적인 신학의 무미건조한 표현들을 빌리는 것보다 훨씬 더 가까이 접근할 수 있을 것입니다.

나는 신비의 융합이 가능하다고 볼 것인지에 대한 결정은 기독교인이 되고자 하는 사람 개인에게 맡길 것입니다. 그리고 기독교인이라는 이름을 명예롭게 여기는 사람은 모두 긍정적인 결론을 내릴 것입니다. 그리스도가 스스로를 "세상이 끝날 때까지" 자신의 사람들과 함께 남을 능력과 욕망을 갖추고 있는 그런 존재로 보았으니까요. 이것은 위험한 견해

46 도미니크 회 소속의 독일 수도사(1295-1366)로 14세기 최고의 인기 작가였다.

이며 불가피하게 리츨이 두려워했던 위험을 초래하게 되어 있습니다. 말하자면, 그것이 현실과 환상을 구별할 가능성을 제거해 버릴 수 있다는 뜻입니다. 또 그 뒤를 신비주의 전통 전체와, 금욕주의와 무아경 상태의 인식력의 문제들, 그리스도의 신성과 그의 가르침의 무오류에 관한 문제들이 따를 것입니다. 신비주의 사상의 지속적인 실현은 불가피하게 학문적 고찰의 대상을 둘러싼 논쟁을 다시 불러일으킬 것이고, 그렇게 함으로써 사회적, 과학적 무관심을 불러일으키고 문명의 추가적 발달을 의심하는 시각이 생기게 할 것임에 틀림없습니다.

이런 것들은 너무나 불길하고, 광범위하고, 당혹스러운 가능성입니다. 1,000년에 이르는 중세 동안에 인류가 그런 것들이 오랫동안 세상을 지배하는 것을 목격하지 않았다면, 그런 것들을 우려해야 한다는 생각은 누구에게도 떠오르지 않았을 것입니다.

기독교 신앙의 요소들의 형이상학적 실체에 강하게 매달리길 원하는 사람은 누구나 이런 위험과 문제들을 깨달아야 하며, 기독교가 어떤 전체 세계와의 단절과 인간의 개성 말살, "모든 가치들의 재평가"(니체)에 지나지 않는다는 사실을 잊지 말아야 합니다. 기독교의 가르침에서 이익을 챙길 수 있는 문명의 요소는 하나도 없습니다. 한 가지 중대한 문제에 비하면 다른 모든 것은 부차적입니다. 그 문제란 바로 개인의 내적 영성화와 거기에 수반될 기존의 자연의 질서의 붕괴입니다. 그리스도는 평화가 아니라 칼을 주기 위해 왔습니다. 이유는 그가 이원론적인 분리된 의지의 갈등을 풀어놓기 때문이지요.

요한의 신학을 통해 탄생하던 때부터 쇼펜하우어에 이르러 쇠퇴할 때까지, 거의 2,000년에 이르는 세월 동안에, 중세 세계관의 토대를 형성했던, 기독교 신앙의 그 위험한 해석은 매우 탁월한 정신들을 매료시켰습니다. 이 같은 사실은 그 해석이 완전히 사라졌는지에 대해 의문을 표시할 충분한 근거가 되며, 우리가 그것이 영향을 미치고 있는 시커먼 영역에서 마지막 번개가 확 타오르는 것을 아직 보지 않았다고 예상할 근거가 됩니다.

'많은 사람이 죽어갈 것이고, 많은 지식이 더해지리라.'